O SEXO DE PROUST

STÉPHANE ZAGDANSKI

O SEXO DE PROUST

Tradução:
Fernando Py

Jorge Zahar Editor
Rio de Janeiro

Título original:
Le sexe de Proust

Tradução autorizada da primeira edição francesa, publicada em 1994 por Éditions Gallimard, de Paris, França

rua México, 31 sobreloja
20031-144 Rio de Janeiro RJ
Tel.: (021) 240-0226 / Fax: (021) 262-5123

Obra publicada com apoio do
Ministério Francês da Cultura

Editoração eletrônica: Veiga Studio de Arte Ltda.
Impressão: Tavares e Tristão Ltda.

ISBN: 2-07-073877-9 (ed. orig.)
ISBN: 85-7110-319-4 (JZE, RJ)

CIP-Brasil. Catalogação-na-fonte
Sindicato Nacional dos Editores de Livros, RJ.

Zagdanski, Stéphane
Z23s O sexo de Proust / Stéphane Zagdanski; tradução, Fernando Py. — Rio de Janeiro: Jorge Zahar Ed., 1995.

Tradução de: Le sexe de Proust
ISBN 85-7110-319-4

1. Proust, Marcel, 1871-1922 — Crítica e interpretação. 2. Sexo na literatura. I. Título.

CDD — 843
95-0961 CDU — 840-3

Sumário

Não há uma só parte do corpo humano
em que ele não se introduza.
D.A.F. de Sade
A filosofia na alcova

O Beijo

A verdade do erotismo é traição.
Georges Bataille, *O erotismo*

"Sabem o que é um clássico, não?", perguntava Hemingway, dando logo a resposta: "Um livro do qual todos falam e ninguém lê."

Sob tal aspecto, Proust é o grande clássico do século; sua obra é o verdadeiro Pentateuco do nosso tempo. Aliás, é raro que eu feche um dos cinco volumezinhos de capa de couro castanho estriado de ouro — os três da *Busca do tempo perdido*, o *Jean Santeuil* e o *Sainte-Beuve* — sem depositar na sobrecapa um beijo rápido e natural.

Da primeira vez que beijei espontaneamente um livro, por uma descarga da tensão de minha euforia acumulada, o descabimento do meu gesto me pegou de surpresa.

Por que fazes isto? perguntei a mim mesmo.

Depois, recordei o pai de meu pai, Ezriel Zagdanski, velho valetudinário encurvado num canto da sinagoga da rua Sainte-Isaure, oscilando como um metrônomo místico, os ombros cobertos por seu imenso *taleth* branco e preto, como se do mesmo modo revestisse uma página do Talmude, levar assim, furtivamente, seu livro de orações aos lábios para encerrar o longo murmúrio de sua salmodia.

Não precisei nem de vinte segundos para amar Proust profundamente, como estimo Homero, Shakespeare, a Bíblia, Zenão de Eléia, La Bruyère, Swift, Ésquilo, Pascal, Cervantes, ou qualquer dos clássicos de que todos falam, e que eu leio.

Vinte segundo desconcertados por essa implosão da língua na língua, essa fissão, um a um, de todos os átomos do francês, meu idioma materno se tornando (e da maneira mais abrupta) familiarmente irreconhecível, tangivelmente desmaterializado, em suma, *desmaternalizado*; toda a ortodoxia sintática tornada insípida num fulgor por essa viva rebeldia das palavras, esse balanço embalador da esteira rolante da pontuação, o resplendor das letras na página, "fogo negro em fogo branco", segundo Rachi, os milhares de velhos lugares-comuns da linguagem irreversivelmente extraviados, como também o são pela menor frase de Céline.

Vinte segundos de aturdimento, portanto, e depois este fragmento de frase: "parecia-me que era de mim mesmo que o livro estava falando."

Aí está, sentia-me tomado. Doze palavras — apóstolos de outra Boa Nova — segredando-me que um dia eu também seria romancista, ou seja, tornar-me-ia eu próprio aquele de quem o livro falava.

Tenho a lembrança exata da posição em que descobri a frase: "Às vezes, como Eva nasceu de uma costela de Adão, uma mulher nascida, durante o meu sono, de uma falsa posição de minha coxa"; do trem do subúrbio ensolarado onde acabei de ler as *Moças em flor*; do corredor do Louvre onde me sentei e empunhei *Sodoma e Gomorra*; da sala de espera de um médico, onde comecei *O tempo recuperado** e, certamente, dessas dezenas de horas noturnas passadas rondando meu corpo estirado, insone.

* Título adotado por Fernando Py para sua tradução de *Le temps retrouvé* (a ser publicado pela editora Ediouro). A versão tradicionalmente conhecida é *O tempo redescoberto*, em tradução de Lúcia Miguel Pereira (publicado pela Editora Globo em 1957). (N.E.)

Graças a Proust, durante muito tempo deitei-me tarde.

Por que *O sexo de Proust*?

Estamos em maio de 1921. Gide implorou a Proust para que o recebesse, Proust enviou-lhe o táxi de Odilon Albaret. Discutem acerca de Baudelaire. Para grande estupefação de seu censor meio arrependido, Proust sustenta que o príncipe das nuvens indubitavelmente era homossexual. Para haver tratado das lésbicas dessa maneira "e já o desejo de falar nisso", afirma Proust, era necessário que o grande Baudelaire tivesse uma inclinação para a inversão.

Gide, é claro, sua carapuça é bastante atordoada pelas personalidades tão pouco afetadas, tão pouco poéticas, tão pouco gideanas de Charlus e de Jupien, e transtornado — como mais ou menos todo mundo — pela traição do grupo representada pela invenção de Albertine, apenas consegue balbuciar, em sua parvalhice: — Nunca nos apresentará esse Eros sob a forma de espécimes jovens e belos?

Mas vamos ao assunto.

A revelação primordial da *Busca do tempo perdido* é a heterossexualidade da escrita, o que Proust descobriu somente porque ele próprio era heterossexual na alma, assim com se é circuncidado no coração.

A alma... o corpo... o coração... o espírito... — toda uma teologia (a católica), fora da qual é ridículo pretender ler Proust, como esperar que Sade seja apreciado por um mórmon.

Tu te agitas, hipócrita leitor? Leitora, minha irmã, tu te espantas? Semelhante idéia é ignóbil? absurda? grotesca? estúpida?

Duvido.

Paradoxal?

Sem dúvida. E nisso mesmo eminentemente proustiana.

"Ele dizia a si próprio que muitas vezes basta avaliar ao contrário as reputações que a sociedade forma, para julgar uma pessoa com exatidão."

Devo dizer que não foi teoricamente que a princípio concebi essa idéia espantosa de uma heterossexualidade de Proust. Foi antes o acaso cronológico de minhas leituras que me fez intercalar, entre cada um dos três volumes da *Busca*, cada um dos três volumes das maravilhosas *Memórias* de Casanova. Mal terminava um volume de Proust, iniciava a leitura de um de Casanova, depois Proust, depois Casanova, depois Proust, depois Casanova, durante meses deliciosos.

Não sei o que me levou a ler entrelaçadamente esses dois. Certamente não foi para descansar, me distrair de Proust com Casanova, como se lê Malherbe para arejar-se da leitura de Kant. Nunca me cansei de ler um grande escritor (ao passo que dez linhas de jornal me deixam extremamente esgotado). Não, eu procedia assim para interpenetrar Casanova e Proust, da mesma forma que os heróis de Sade variam suas posições e "calidoscopam" suas fisionomias para deslocar o desejo.

E o resultado foi uma evidência, a saber, que a escrita é sempre acompanhada de um desejo viajante, o que Homero denomina "Odisséia", Hemingway um "solitário ambulante", Sterne uma "viagem sentimental" (pois *viagem* e *viajante*, corpo e translação, formam uma só unidade), Saint-Simon (excessivamente *assinalado*, ou seja, de linhagem muito alta, para estar livre de deslocamentos), uma "curiosidade ressentida", consumada, e que tomará sua desforra perfurando no mesmo ponto.

Um desejo viajante que não é um simples desejo de viajar — o qual, literalmente, só redunda em panoramas —, mas uma real mobilidade interna do desejo.

"Portanto, o desejo não é inútil ao escritor, pois primeiro o afasta dos outros homens, fazendo com que deixe de conformar-se a eles, para depois devolver algum movimento a uma máquina espiritual que, após uma certa idade, apresenta uma tendência a se imobilizar."

E depois, é claro, existe a censura. A deliberada cegueira da censura, a tosca interferência de radar obstinado da censura.

Admitindo-se que eu não tenha nenhuma propensão a entender o que Proust manifesta com clareza, a insistência amedrontada da censura em escondê-lo certamente, pelo absurdo, me faria ficar com a pulga atrás da orelha.

De fato, vi sob uma deslumbrante luz negativa o que a censura desejava encobrir, por meio dessa galhofa universal professada em torno a Proust, a qual consiste *grosso modo* em zombar desse travestimento inábil que ele teria infligido à sua homossexualidade em *A busca*.

Em outras palavras, crítica surda a essas frases límpidas em que Proust conforma que sua vida não é sua obra, que a única realidade de um grande escritor é a literatura, "que o livro é o produto de um outro eu, diverso daquele que manifestamos em nossos hábitos, na sociedade, em nossos vícios".

Vós que entrais, deixai toda neurose.

Vamos, leitor, por que não deter-se? Por acaso, és tu mesmo um rebento homo? hetero? bi? vicioso frígido? hábil perverso? virgem núbil?

E então? Quem se preocupa com isso?

Esquece um pouco o teu sexo. Aprende a trocar de corpo. Abandona as tuas ruminações preconcebidas. Vem sem bagagem.

"Aqui é conveniente deixar toda suspeita/ Toda covardia aqui deve ser morta."

Para seguir-me só te será útil este trio de armas: uma alma jovial, um coração casto e uma infinita devassidão de espírito.

E, desta vez, qual será a divisa? *Ao ataque* soaria alegremente vivo, mas Proust reclama algo mais sutil.

De onde: *Não há tempo a perder*.

Então, a caminho.

I
INVERSÃO

Os romancistas adivinham através das paredes.
Carta a Jacques Boulenger

Nascimento para o saber

Dentre as várias datas de nascimento plausíveis de Proust, a que soa mais estridente é 1743.

Em julho de 1743, Saint-Simon redige o genial exórdio de suas *Memórias**. Já fazia seis meses que não escrevia uma linha sequer, acabrunhado pela dor da morte da esposa. Seis meses que a grotesca, maléfica e maravilhosa ronda chamada "Versalhes" permanece fixa — na data de maio de 1711 — em suspenso sobre sua cabeça, como uma auréola, um desses discos de ouro polido apostos no cocuruto dos santos no *Políptico de santo Antônio* de Piero della Francesca.

E numa bela tarde de verão, tudo volta. Saint-Simon reencontra imediatamente o seu fraseado sem peias, suas compridas hélices vitrioladas, suas vivas volutas de adjetivos, suas gavelas de vírgulas espiraladas como colunas de Veronese e, como elas, subindo aos céus.

A primeira palavra que escreve é: *SABER*.

---

* A obra de Saint-Simon foi influência marcante na literatura de Marcel Proust. (N.T.)

Ele sabe quem é, confessa-se o que vê, devota-se à sua via e saboreia o seu saber.

"SABER se é permitido escrever e ler a singular história de seu tempo."

No momento exato em que se rompe de novo o selo-cilindro de Saint-Simon, cuja celeridade cuneiforme ninguém mais poderá estancar, quando a pena de ganso do duque traça os minúsculos hieróglifos sem rasuras, na percussão de seu estilo ácido gravado diretamente na espinha dorsal do século, um outro nome nasce no jardim tangencial dos escritores, esperando a sua hora, igualmente seguro do seu saber.

A Lucien Daudet: "Sou a única pessoa que necessita de conhecimentos precisos, de saber exatamente as coisas de que falo."

Batismo de guerra

Ao conde Jean de Gaigneron, que compara sua obra a uma catedral, emocionado Proust lhe responde: "Eu quisera dar a cada parte do meu livro o título: *Pórtico, vitrais da abside* etc."

Se não se percebe, logo à primeira vista, a intenção católica de Proust, arrisca-se muito a não se compreender absolutamente nada da *Busca*. Ora, ainda aí é Saint-Simon quem batiza.

A equação que o duque deseja resolver é a de uma escrita católica. Ser escritor, penetrar nos mistérios que não deveriam ser vistos, e revelar esse conhecimento, será isso ser exatamente católico?

Primeira constatação: se escrever equivale a pecar, esse mau hábito remonta a bem longe no tempo. "Só pretendemos contar os católicos, e ainda seremos bem fortes."

Em suas costas, Saint-Simon sente crepitarem todos os seus livros, especialmente a *Franciada oriental*, uma crônica em vivas cores da Terra Santa, escrita no século XII por Guilherme de Tiro. Logicamente, o duque pode traçar: "Não permitir nenhuma história aquém do que a Escritura nos ensina é lançar-se nas trevas palpáveis do Egito."

Isto, quanto à impulsão hebraica.

Seguro de seu saber, o escritor apalpa as trevas, desvencilha-se do Egito, atravessa os contemporâneos mumificados e se vai a iluminar o que ofusca os outros. "Tudo nele é palpável e salta aos olhos", escreve ainda Saint-Simon.

Mas a escrita não será uma arte guerreira?

E o catolicismo, não será ele uma teoria e uma prática da caridade?

É conciliável?

Sem dúvida, caso se considere — presença invisível mas essencial do judaísmo em Saint-Simon — que o próprio Deus foi escritor. "O Espírito Santo não desdenhou ser autor de histórias cujo tecido pertence por inteiro a este mundo, e seria chamado profano como todas as outras histórias do mundo, caso não tivessem o Espírito Santo por autor."

E, além disso, a caridade bem organizada não começa por si mesma? "Devemos a nós próprios pelo menos tanta caridade quanto às outras pessoas; portanto, devemos instruir-nos para não sermos criaturas embrutecidas, estúpidas, permanentes simplórios."

Enfim, não consistirá a caridade igualmente em defender os mais fracos dos mais fortes? "Os maus, que neste mundo já têm tantas vantagens sobre os bons, teriam uma outra bem estranha se não fosse permitido aos bons discerni-los, conhecê-los, conseqüentemente de se proteger deles, de se precaverem com o mesmo objetivo, reter na lembrança o que eles são, o que fizeram a respeito de fatos da vida e fazê-los passarem tais como são e como foram à posteridade, transmitindo a esta a história de seu tempo, tenham nela figurado muito ou pouco."

A equação está resolvida, não há mais que hesitar. Sobre a escrivaninha do duque, ao alcance de sua mão direita, acha-se um velho manuscrito, datando justamente de 1711, ao qual ele lança um olhar enquanto escreve. Seu título? *Esboços de projetos sobre os quais seria necessário trabalhar aos poucos sem descanso e sem jamais cair na armadilha de se deixar desencorajar*.

E isto, quanto a *O tempo recuperado*.

O lugar do mundo

Proust, nascido e batizado sob Saint-Simon, pode ir encontrar o seu tempo num submarino estranho, forrado de cortiça, propelido por explosiva mistura de morfina, aspirina, cafeína, veronal e adrenalina, enviando suas cartas-engodos a intervalos regulares, desaparecendo sob palpáveis baforadas fumígenas, anuviando seu mundo, fingindo ter asma para ocultar a apnéia.

Deus tem a alcunha de "o Lugar", na Cabala, porque "o Santo, bendito seja, o lugar do mundo mas o mundo não é o Seu lugar".

E no Zohar (um nome que Proust conhecia, que anota num caderno, que lhe lembra "o vento ensolarado que fazia", Ruskin e a Itália): "Oculto, ele é o lugar de todas as bênçãos".

E Proust, em *Sodoma*: "Eu, o estranho humano que, esperando que a morte o liberte, vive de postigos fechados, nada sabe do mundo, permanece imóvel como uma coruja e, como esta, só enxerga um pouco nas trevas."

Se no século XVIII Versalhes assumia o lugar do mundo, o "mundo" no século XX é introduzido num bairro de Paris, assim como o Tempo numa xícara de chá. É inútil esmiuçar levianamente; todos os lugares são não-lugares. Saiba penetrar em um deles e ei-lo em toda parte, pronto para o combate.

Dorme de dia? Escreverá suas *Mil e uma noites* melhor que ninguém.

Os mundanos lhe atribuem fama de esnobe? É a sua solidão que os aborrece.

Escarnecem de suas frases gigantescas? Aumente a dose, é pura questão de fôlego, sua asma, que chega à asfixia, acabará por sufocar qualquer objeção.

Seus amigos o incomodam? Defenda-se com uma amizade delirante, uma grandiosa generosidade, escreva-lhes sem esperar resposta, elogie seus méritos, afirme que suas obras são geniais, queixe-se de seus próprios males, insista sobre sua própria ruína atual, anuncie a iminência de sua própria morte... a ironia global consiste em persuadir mortos-vivos de que são imortais, que é você o enfermo.

Tomou o cuidado de levar no seu submarino as *Memórias*, "também escritas à noite". E se repetir, em alto e bom som, que o divino duque é o "seu grande divertimento", é para que ninguém se aperceba de que ele é o seu lança-mísseis. De agora em diante, só pensa na extrema astúcia que constitui a sua arte, ao meditar nesta salva de Saint-Simon: "Logo, seria preciso que um escritor perdesse o senso, para somente deixar suspeitas de que escreve."

O livro de areia

A Louis d'Albufera, Proust escreve em maio de 1908:

"Estou ocupado em:
um estudo sobre a nobreza
um romance parisiense
um ensaio sobre Sainte-Beuve e Flaubert
um ensaio sobre as Mulheres
um ensaio sobe a Pederastia (nada fácil de publicar)
um estudo sobre os vitrais
um estudo sobre as pedras tumulares
um estudo sobre o romance."

Quando principia a conceber a *Busca*, Proust claramente pretende escrever algo que jamais foi escrito antes. Um livro que seja mais que um livro, um pensamento que supere o pensamento, um estilo que evoque todos os estilos, um texto que invalide qualquer texto. Uma obra que participe, é claro, do romance, mas um romance universal e perfeito, a um tempo libreto de música e manual de guerra, ensaio sociológico e catálogo de museu, tese psicológica e sátira da elite, romance de amor e obra-prima de humor, extenso tratado da Superfície e estudo minucioso das Profundezas.

Uma verdadeira segunda Bíblia, em suma, um "livro de areia" conforme o imagina Borges, uma obra da qual basta virar algumas páginas para que seu texto já difira.

Não um livro que tome o tempo por assunto, mas um romance que seja ele próprio uma ampulheta sem fim.

Não uma narrativa nostálgica que se esforce em buscar um tempo desaparecido, mas um verdadeiro achado, uma máquina, uma invenção, um engenho, meio batiscafo, meio aeronave, que logra circunscrever o próprio tempo e do qual nada, e muito menos a morte, saberia frear as evoluções.

Primeira aparição

O ensaio "nada fácil de publicar", a que Proust se refere, corresponde grosso modo a *Sodoma e Gomorra*. Esse buraco negro, esse vórtice magnético a cujo redor tudo se organiza, abre-se com um preâmbulo que é um romance minúsculo dentro do romance, a revelação de uma espantosa descoberta que se pode chamar a dança do zangão e da orquídea, articulando as duas outras descobertas capitais da *Busca*: a do talude de Montjouvain, a montante, e a do bordel de Jupien, a jusante — não sendo o riso de Albertine incluído na categoria da revelação dinâmica, e sim na da vitória adquirida, da qual é o grito de glória.

Esse preâmbulo, Proust escolheu intitulá-lo, tomando a liberdade bem talmúdica de reescrever ousadamente um episódio bíblico: *Primeira aparição dos homens-fêmeas, descendentes daqueles habitantes de Sodoma que foram poupados pelo fogo do céu*.

Nele, vê-se Charlus interromper Jupien no pátio do palacete dos Guermantes; ouvimos seus embates sodomitas; seguimos uma reflexão assombrosa sobre as leis do mundo vegetal; admiramos a frase mais longa já escrita por Proust (1500 palavras), consagrada à "raça maldita" dos invertidos, que são estranhamente comparados aos judeus; tomamos ciência de uma teoria inédita sobre os sexos e suas subdivisões; e, por fim, constatamos uma verdadeira e admirável interpretação criativa* expressa do texto do gênesis.

Numa palavra, e sob a condição de saber ler um pouco — não entre, mas até no leito das linhas —, contempla-se ali, de parte a parte, a cristalização estrelada e límpida do segredo dos escritores.

---

* No original, *midrachisation*, provável neologismo derivado de *midrash*, palavra hebraica que indica um tipo de interpretação das Escrituras, com a qual é possível deduzir significados novos e ocultos. (N.T.)

Natureza do vício

Proust parte de uma idéia muito comum, segundo a qual o vício e a virtude são afinal relacionados aos costumes. "Não havia nada de anormal quando a homossexualidade era a norma."

Depois, subverte esse lugar-comum, sustentando que se a homossexualidade só aparentemente é um vício, uma perversão relativa, isto acontece porque a inversão é o quinhão comum da espécie humana.

Tal é a irreprimível conclusão que se impõe ao término desse preâmbulo, tão abundantes são as metáforas que admitem a naturalidade e a sociabilidade da inversão. "Trata-se de aspectos diversos de uma mesma realidade", escreve Proust, "um admirável esforço inconsciente da natureza: o reconhecimento do sexo por si mesmo, apesar da mistificação do sexo, surge como a tentativa inconfessa de evadir-se para aquilo que um erro inicial da sociedade colocou longe de si."

Assim, a razão principal para a aparente aversão que a inversão suscita é, paradoxalmente, que ela é mais normal, menos enganadora, menos errônea ("a mistificação do sexo", "um erro inicial da sociedade") que a heterossexualidade.

Quanto a esta, ocorre numa desarrazoada complexidade sensual: desse modo, Swann ama Odette precisamente porque ela "não faz o seu tipo". Por essa frase célebre, com que encerra *Um amor de Swann*, Proust revela que a heterossexualidade é que é viciosa. "Para o invertido, o vício principia quando procura o seu prazer nas mulheres."

A homossexualidade não é tão viciosa quando viciada, atarraxada, vem a dar no mesmo, rodopia em torno a um sempiterno círculo virtuoso. Assim, Proust qualifica de "virtuosa perversidade" a atitude de Albertine recusando, a exemplo de sua mãe, seu beijo ao Narrador. E em *O tempo recuperado*: "Nada mais limitado que o prazer e o vício. Sob tal aspecto, pode-se, na verdade, afirmar, mudando o sentido da expressão, que giramos sempre no mesmo círculo vicioso."

Eis o sentido ignorado da inversão.

Crime artificial

Portanto não há nada de absurdo que Charlus e Jupien sejam assimilados a Romeu e Julieta. Seu estranho acasalamento, igualmente marcado de um certo matiz "natural", tem a ver com uma "espécie de milagre", porém milagre que só existe na imaginação de Marcel, que os observa em segredo. Logo, um milagre banal e regular, semelhante a todos os da botânica, e de que a flor e o inseto não têm qualquer noção.

Do mesmo modo, a "beleza" de que se revestem as olhadelas trocadas por Charlus e Jupien lhes permanece inteiramente cega, por definição, visto que tais olhares "não pareciam ter por objetivo levar a alguma coisa".

E se, escutando através de um delgado tabique os embates vigorosos dos dois homens (indicando, em compensação, que toda verdadeira descoberta erótica é sempre essencialmente auditiva), o Narrador compara a sonoridade do prazer à do sofrimento, compreende igualmente que sodomia não passa de um vício artificial, um atentado bufão, quase um brinquedo de criança, pois os gritos dos amantes deixam a princípio imaginar um estrangulamento "e que, a seguir, o assassino e sua vítima ressuscitada tomavam um banho para apagar os vestígios do crime".

Simulacro de crime que nem sequer convence seus próprios atores, tal como a flagelação sanguinolenta de Charlus no bordel de Jupien por um patife excessivamente bondoso por natureza, atrapalhando-se no seu "esforço artificial de alcançar a perversidade, que só dava como resultado revelar tanta inépcia e inocência".

Sodoma-sobre-o-Sena

Assim, a homossexualidade não se organiza como atividade marginal, ela se elabora numa verdadeira sociedade transversa, "uma franco-maçonaria", escreve Proust no ensaio em miniatura que se segue à cena de sodomia, e que "repousa numa identidade de gosto, de necessidade, de hábitos, de perigos, de aprendizagem, de saber, de tráfico, de glossário".

Uma sociedade a um tempo secreta e eficaz, translúcida e onipresente, numa palavra, a verdadeira sociedade em si. "Essas criaturas de exceção, que lastimamos, formam uma multidão."

E essa comunidade é a mais idealmente virtuosa que existe, seja ela a normal, a igualitária (Proust compara as diferentes esferas homossexuais à União das Esquerdas e à Federação Socialista), a utópica enfim realizada, onde "um embaixador é amigo de um condenado", onde um barão e um coleteiro podem se amar sem obstáculos sob o olhar dissecador de Marcel, o "herborizador humano", o "botânico moral".

A homossexualidade é uma ortodoxia de fundo: a comunidade homossexual é a Sociedade dos Inimigos do Crime comparada à qual a heterossexualidade literalmente "desvagina".

E quando, para encerrar seu preâmbulo, Proust imagina — reescrevendo concretamente a Bíblia com uma audácia digna do Talmude, mesclando de modo bem lógico o Éden e Sodoma — o que redundaria numa Terra Prometida invertida, aquilo em que terminaria uma sodoma sionista, chega à conclusão de que seria a mais comum das capitais, "ou seja, que tudo se passaria como em Londres, Berlim, Roma, Petrogrado ou Paris".

Sagrado Sócrates

A homossexualidade é aristotélica. Seu princípio é a identidade, seu estilo a moderação, seu valor a tradição, sua língua natural a filosofia ("a douta Sodoma", escreve Paul Verlaine).

Não é por acaso que a grande civilização da homossexualidade, a Grécia, foi também a do culto do Mesmo (*homos* em grego), do Equilíbrio, da Medida (*Méden agan, Ne quid nimis*, Nada em excesso), e sobretudo da Razão, do *Logos*, ou seja, a um tempo a linguagem (saber-tráfico-glossário), e a inteligência que Proust reprova na introdução do *Sainte-Beuve* e à qual opõe a imaginação ("Misteriosa faculdade, essa rainha das faculdades!", Baudelaire) e o acaso das sensações ("Todo pensamento emite um lance de Dados", Mallarmé).

"O inferno são os outros!", portanto, é a proclamação homossexual por excelência. Para o escritor, inclinado à invenção, o inferno é sempre o Mesmo.

Proust insiste, em várias ocasiões, no argumento socrático pelo qual se normaliza a homossexualidade. Para Sócrates a filosofia não era definida como uma parteira? Desde então, os invertidos não são tanto homens afeminados como parteiras. No sentido próprio, são a um tempo homens sábios e homens-fêmeas.*

Outro motivo pelo qual não existe subversão na inversão é que esta última nunca passa de uma didática, de uma iniciação. Em *Primeira aparição*, o invertido solitário é ousadamente comparado a um professor de sânscrito do Collège de France. E o próprio Jupien não vê em seu bordel "um escritório do espírito", e a si mesmo com um Sócrates contribuinte, ou seja, um professor de filosofia?

Neste ponto, a diferença essencial entre o filósofo e o escritor é que este deve captar clandestinamente tal iniciação, desviá-la de seu sentido social, deve dar provas da invenção, atravessar a inversão purgando-se de toda aversão; precisa penetrar no lesbianismo, concluir o que Proust denomina "um pacto com Gomorra", cuja definição remete para mais adiante.

Em outras palavras, se, filosoficamente falando, a homossexualidade é uma parteira, do ponto de vista literário é sempre um fazedor de anjos.

Mamãe Gide

Um escritor maior entre os maiores, cujo nome há de perdurar através dos séculos, e que tinha mil razões para se fazer de rogado: Jacques Normand (aliás, Madeleine) — explicou, num parecer de leitura que fez à editora Fasquelle, sua recusa em publicar *Swann*: "Se o jovem não se torna invertido, de que serve toda essa monografia? Em caso positivo, — o que é de se esperar, pela lógica

---

* Aqui o autor faz um jogo de palavras com a expressão *sage-femme* (parteira), desdobrando-a em *hommes sages* (homens sábios) e *hommens-femmes* (literalmente "homens-mulheres", mas "homens-fêmeas" em nossa tradução). (N.T.)

— ela tem sua razão de ser, mas ainda assim existe uma desproporção inimaginável."

Se ao menos o próprio Narrador fosse um Charlus, o romance seria mais lógico. Quem se parece se procura, só se fala bem do que bem se conhece, não se deve exigir de si mais do que se é, seguir sua inclinação, contanto que seja para o alto etc.

Difícil será não pensar em Gide ao ler o retrato da louca arrependida traçado por Proust, "passando a vida inteira a tentar em vão reparar, com um comportamento austero, protestante" o seu passado pretensamente provocador.

É conforme essa lógica moral da inversão que Gide, convencido de subverter os costumes com suas revelações, obterá, de fato, todos os sufrágios homossexuais contra Proust.

Quanto a Céline, numa entrevista de 1960, toma explicitamente o partido de Proust contra Gide: "Isso pode falsear um pouco o juízo que se tenha sobre Proust, essas histórias de pederastia, esses casos das duchas, enrabações de garotos no banho, tudo isso, essas banalidades... Mas vê-se que o sujeito era dotado... Extraordinariamente dotado... Ah, sim, dotado, dotado; e quando vemos essas pessoas que mudaram tanto, aí..."

Céline viu o elo invisível que ligava a homossexualidade autoproclamada de Gide a seu reconhecimento oficial. Gide gemeu seu ódio às famílias? Imaginem, todas as classes sociais confundidas, as famílias o adoram! Em Hindus, a 11 de junho de 1947: "Gide tem direito a todo o reconhecimento dos jovens burgueses e operários a quem o ânus comicha... Oh, estás vendo mamãe? Gide, nosso maior escritor francês, acha que ser enrabado é perfeitamente legítimo, louvável, artístico, conveniente... Muito bem, meu filho, eu te abençôo, responde a mãe que no fundo não pede nada melhor: todos os homossexuais são filhos admiráveis. Não tenho nada contra os enrabados, acreditem... Mas em termos de criação literária de Gide, nem sequer adivinho o átomo."

Visto que a sociedade é secretamente homossexual ("logo, parte reprovada da humanidade, porém membro essencial, invisível, inumerável da família humana", escreve Proust acerca da comunidade anônima dos invertidos), Gide só pode ser coroado pela sociedade. Não há qualquer contradição em que "o Gide dos rapazinhos" seja recompensado pela alta pudicícia literária. Em Bendz, 1948: "Gide me faz cada vez menos gracejar com seus requintes anais.* É preciso que os membros do Nobel sueco estejam secretamente bem preocupados com as questões relativas ao ânus para terem dado o seu galardão a esse grande propagandista! Dizem, contudo, que são bem puritanos os membros (oh! oh! oh!) do Nobel!".

Basicamente, Gide está atormentado demais por sua sexualidade para ser um grande escritor. Não está bastante desligado tanto do sexo como da moral. "Gide", prossegue Céline, "é um tabelião — creio que excelente crítico — mas *de prosa*: nada o emociona se não enxerga as nádegas de um pequeno beduíno. É a tal história!"

Vício das flores

A homossexualidade é o oposto de um vício, "o que se denomina assim de modo impróprio", escreve Proust. A inversão é estéril, a exemplo da autofecundação das flores hermafroditas, desempenhando as funções de censura ao contrário da exuberância que esplende, "como a derrota vem punir o orgulho, a fadiga o prazer", dando "sua volta de parafuso, sua freada", fazendo "voltar à norma a flor que se desviara em excesso".

Desde então, qual é o único vício real, o único vício solitário, o único vício isolante, o único vício criador, o único vício heterogerador?

A escrita, é claro, o verdadeiro vício das flores.

"De fato, não é o exílio no Pólo Sul, ou no cume do Monte Branco, o que tanto nos afasta dos outros, quanto uma longa temporada no seio de um vício interior, ou seja, de um pensamento diverso do deles."

Para que sirva à sua singular teoria, Proust vai ter de reavaliar toda a nomenclatura da inversão, compor para si próprio uma

* No original, *troufignolages*. Em francês, *fignolage* significa requinte, esmero: *trou* é buraco (no caso, entenda-se orifício anal). O termo, inexistente em dicionários, pode ser invenção do próprio Céline. (N.T.)

tipologia da perversão, fundada numa concepção complexa das delicadas correspondências existentes entre o heterossexual, o sodomita, o homossexual, o invertido, o homem-fêmea, o pederasta, a "tia", o apreciador de velhos senhores e a gomorriana, chegando à verificação de que toda a questão do sexo é um problema de *estilo*.

Daí os detalhes informativos sobre os alegres amores das "*Primula veris* de longo estilo" e das "*Primula veris* de curto estilo", ou ainda os da "flor fêmea" à espera do inseto fecundador, que "curvaria faceiramente seus 'estilos' e, para melhor ser penetrada por ele, imperceptivelmente faria, como uma adolescente hipócrita mas fogosa, metade do trabalho".

Em outras palavras, o mundo não se divide em heterossexuais e homossexuais, mas em escritores heterossexuais e *Homos sapiens*.

As palavras e os costumes

A fim de descobrir o que a todos escapa, a negação de todas as negações, Proust deve tomar o mundo às avessas, estudá-lo por meio da inversão.

Para tanto, é-lhe necessário constituir seu próprio estoque lexical, reiventar-se um vocabulário. Pois, mais até que de costumes, a distribuição sexual é uma questão de palavras.

"Homossexual" desagrada a Proust, o termo é "pedante e germânico demais". Com efeito, ele provém da psiquiatria alemã e faz figura em 1908, depois de um escândalo político berlinense, o caso do diplomata Eulenbourg, Dreyfus de além-Reno, cujo crime foi sua francofilia e sua pederastia, o que os jornais franceses imediatamente denominaram "vício alemão".

"Tia" agrada-lhe mais, é mais literário, e Proust até chega a denominar Charlus de "velha tia", segundo escreve a Paul Souday em 1920, já que o termo está em Balzac; mas por essa mesma razão, não mais lhe pode convir como invenção puramente proustiana.

No entanto, o vocábulo contém uma força satírica, grotesca — além disso evocadora de uma espécie de nepotismo libidinoso —, que o deslumbra, e que ele assinala num esboço: "As tias! vemos a sua solenidade, e toda a sua *toilette* apenas nessa palavra que usa saias; vemos, numa reunião mundana, seu penacho e seu chilreio de voláteis de um gênero diferente. 'Mas o leitor francês quer ser respeitado' e, não sendo Balzac, sou forçado a me contentar com 'invertido'."

"Mas o leitor francês quer ser respeitado!" A gíria da prisão, a conotação criminosa que se liga à "tia" nos *Esplendores e misérias das cortesãs*, e seu sentido secreto de "terceiro sexo" não conseguiriam, portanto, satisfazer plenamente Proust.

Em compensação, o termo "invertido", que provém de Charcot, carrega consigo a grande tradição psiquiátrica francesa e, como corolário, a singular teatralidade histérica que foi sua especialidade.

A Louis de Robert, relativamente aos pederastas, Proust fala de "doença", afirma que "este sonho de beleza masculina é o efeito de uma tara nervosa". Em alguns deles, escreve Proust, a mulher não é apenas uma feminilidade íntima, uma outra criatura acoplada, mas de preferência aquele "osso extranumerário" de que falava Bossuet, uma verdadeira protuberância teratológica, "como no centauro o cavalo", que faz seu aparecimento ridículo de vez em quando, mostrando-se "hediondamente visível, agitados que estão num espasmo de histeria".

E no próprio Racine, que ele no fim da vida considera um clássico primordial, juntamente com Baudelaire, vê debater-se "uma histérica genial", simulando a paixão sempre mantida "sob o controle de uma inteligência superior".

Desejo e realidade

A melhor prova de que a inversão é uma tara nervosa? "É que um pederasta adora os homens mas detesta os pederastas."

Tal é uma das mais importante inovações que Proust se gaba de trazer à literatura numa carta a Gaston Gallimard. Charlus, escreve, é "um temperamento que julgo bastante novo, o pederasta viril, animado de virilidade, que detesta os rapazes afeminados, detestando, para falar a verdade, todos os rapazes, assim como são misóginos os homens que sofreram por causa das mulheres".

Portanto, existem matizes fundamentais entre o homossexual e o invertido, matizes que Proust vai estudar com a impávida minúcia de um sábio.

O homossexual seria um fanático pela virilidade, o homem que refuta toda bissexualidade, que acredita firmemente numa separação intransponível entre os dois sexos ("Da mulher será Gomorra, e do homem será Sodoma", de Alfred de Vigny, citado por Proust na epígrafe de *Primeira aparição*), o homem que abomina as loucas, o homem que só gosta de homens. "Os homossexuais têm como ponto de honra não serem invertidos", escreve Proust num esboço.

Por conseguinte, o que caracteriza, acima de tudo, o homossexual é precisamente a sua cegueira. Ele se ilude com seu desejo, a que toma por sua realidade. Julga ser um homem viril por amar os homens viris, não sabendo que, de fato, é a mulher existente nele que procura os homens. A homossexualidade é um puro ideal, uma imagem vã, uma pretensão ilusória. "O homossexual seria o que pretende ser, o que de boa fé imagina ser um invertido."

Reduzindo o homossexualismo a um puro desejo, Proust, por um ricochete lógico, faz de todo pretenso heterossexual um homossexual possível segundo suas opiniões.

Um homem ama os homens, é o que se julga ser um homem, quando não passa de uma mulher. Mas um homem ama as mulheres, é o que não passa também de uma mulher, pois essa mulher se encontra nele certamente como Safo, que só gosta de mulheres...

A inversão qualifica, portanto, todo o leque das sexualidades, das crenças (trata-se de uma teosofia negadora) e, sobretudo — o que transparece, em suma, da *Primeira aparição* —, das repulsas.

Tinta invisível

A inversão é estéril, não cria, oferta-se ao observador dissimulado para que ele a exponha, precisamente porque, por si mesma, recusa-se à inscrição.

Quando explode a revelação do homem-fêmea, ela ocorre à maneira de caracteres traçados "numa tinta até então invisível", à maneira de um "*Mane, Tecel, Fares*", diz ainda Proust, injetando esta bela fórmula hebraica na *Busca* para insistir sobre a arte cabalística do bom escritor, que sabe transformar a transparência do invisível em límpida evidência, "como uma frase, que não oferece nenhum sentido enquanto permanece decomposta em letra arrumadas ao acaso, exprime, se os caracteres acham-se colocados na ordem correta, um pensamento que já não se poderá esquecer".

O *voyeur* literário não é um cúmplice, é um "violador", afirma Céline. E assim como Céline será execrado pelos anti-semitas pelo que deles revela, Proust indispõe contra si os pervertidos devido à revelação magnética que opera em seus íntimos.

A Souday, em outubro de 1920, após a publicação de *O caminho de Guermantes*: "É ainda um livro 'conveniente'. Depois desse, a coisa vai se corromper, sem que seja por minha culpa. Meus personagens se desencaminham: sou obrigado a segui-los aonde me levam os seus defeitos ou seus vícios agravados."

Proust não cessa de prevenir seus correspondentes: não espera amabilidade alguma por parte dos homossexuais, nem dos sádicos, aos quais todos são tentados a aparentá-lo. "Não insisto, por excesso de fadiga, sobre mil aspectos que serão desnaturados (como o "ele" que poderá ser lido "ela" etc.)."

O motivo, bem simples, é que Proust lhes põe diante do nariz a cegueira deles. Prevê facilmente toda as antipatias, todas as simpatias vindouras, e não se incomoda.

"Deixei zangados muitos homossexuais com meu último capítulo", escreve Proust a Jacques Boulenger, em maio de 1921. "Sinto muito. Mas não é culpa minha se o sr. de Charlus é um velho senhor; não podia, de repente, dar-lhe o aspecto de um pastor siciliano, como nas gravuras de Taormina."

Quando Louis de Robert lhe faz ver suas reservas quanto à cena do talude de Montjouvain, acusando-o de se fazer advogado dos pervertidos, Proust, muitíssimo mais lúcido que seu inepto amigo (Robert irá criticar a imagem deformada que Proust nos dá, em sua obra, das moças francesas!), replica dizendo que não somente os corações sensíveis, mas os próprios sádicos vão investir contra ele.

Pois, de fato, no fundo, são os mesmos. "A pessoas que buscam a crueldade, dizer-lhes: 'vocês são sensíveis pervertidos', nada lhes pode ser mais desagradável."

Para ir depressa

Em sua longa digressão sobre a "raça maldita", Proust compara a comunidade homossexual, que se dobra e desdobra sob a hostilidade que lhe votam os outros homens, à dos judeus.

O principal traço comum entre as duas "raças" não é tanto o de serem ambas perseguidas, diz Proust, quanto o de elas próprias se odiarem.

Em cada judeu, ou quase, escreve Proust em *Contra Sainte-Beuve*, há um anti-semita que se ignora, como em cada homossexual rumina um inimigo da inversão.

Assim é que o repelente anti-semita que o Narrador ouve a invectivar contra a rua de Abuquir, despejada em Balbec, e a zombar do sotaque iídiche dos veranistas, não é outro senão o seu companheiro Bloch.

Isto invalida a interpretação corriqueira que faz do anti-semitismo um rancor invejoso da vivacidade intelectual, do sucesso comercial, de nem sei que outra fantasiosa superioridade judaica. Tal explicação, aliás, não se desgruda do anti-semitismo: equivale a considerar, em suma, que se os judeus são detestados é porque são detestáveis, mesmo que o sejam em função de suas inúmeras "qualidades". Como se fosse possível abominar um inimigo por outra coisa que não a sua suposta superioridade.

O que é, portanto, o anti-semitismo?

Para apressar-nos, digamos que o anti-semitismo é uma inversão que degenera em aversão, uma vontade delirante de que todos permaneçam em seu lugar, em seu nome, e, sobretudo — tal foi o imenso achado de Proust —, em seu sexo.

Compreende-se que, logo após haver descrito a "transmutação" de Charlus em uma mulher, Proust compare os judeus aos homossexuais. E que o anti-semitismo do próprio Charlus se manifeste numa censura de ubiqüidade usurpadora: "Desde que um judeu possui dinheiro suficiente para comprar um castelo, escolhe sempre um que se chama o Priorado, a Abadia, o Mosteiro, a Casa de Deus."

Como o sr. de Charlus fica transtornado pelos pederastas afeminados pela simples razão de que ele próprio é uma mulher, detesta os judeus por sua faculdade de se metamorfosearem em mulheres.

A heterossexualidade judaica

A verdadeira contradição do barão não está entre seu uranismo e seu anti-semitismo, visto que odeia tanto os pederastas dengosos quanto os judeus, e que semelhante *autofobia* é o princípio mesmo de algum ódio existente — contra a imitação que quer que o racismo seja o ódio ao Outro.

Não, a incompatibilidade literária que Charlus encarna — e que transforma o dreyfusista Saint-Loup — situa-se entre sua alta nobreza e seu anti-semitismo.

De fato, duas categoria ilustram, na *Busca*, a lei temporal da verdadeira metamorfose dos personagens relativamente a seus nomes, os quais são suscetíveis de transformação infinita: os judeus e os aristocratas. E um par de atores, um grandioso, o outro grotesco, representa cada uma dessa comunidades fabulosas, saídas uma de um livro e a outra de um vitral (Swann e Bloch, Oriane de Guermantes e Charlus), que Proust sentiu ao mesmo tempo tão próximas e tão incomunicáveis.

A análise proustiana do anti-semitismo se lê à luz de uma frase do começo da *Busca*, que aparentemente nada tem a ver: "Nossa personalidade social é uma criação do pensamento alheio."

Assim, o avô do Narrador reconhece os judeus pelos seus nomes não judeus. Da mesma forma Bloch, quando, no final de *O tempo recuperado*, adota um pseudônimo (que, aliás, não ilude, visto passar a chamar-se Jacques du Rozier, ou seja, o nome da rua judaica em Paris), acha-se com um aspecto e um nariz remodelados, e como que "desjudaizados" unicamente pela magia de sua nova partícula.

Dito de outro modo, o judeu nunca está onde é esperado, e é precisamente isso o que incomoda o anti-semita.

O anti-semitismo de Charlus, portanto, é perfeitamente lógico. Os judeus o incomodam por sua heterossexualidade radical, no sentido etimológico, em que podem atravessar a fronteira (fantasiosa) dos sexos, assim como Leopold Bloom se metamorfoseia diversas vezes em mulher na cena do bordel do *Ulisses*.

Bloom está no cara-a-cara (o cara-a-mulher), sua transubstanciação é reversível; essencialmente semelhante é a relação entre o judaísmo e o catolicismo, encarnado por Stephen. Quanto a Charlus, permanece fixo na inversão: não saberia transformar-se em mulher, diz Proust, pois é uma.

Entre a homossexualidade e o anti-semitismo, o espaço vazio é aquele que petrifica irreversivelmente a inversão em aversão, de que Maurice Sachs e Otto Weininger fornecem os mais patentes exemplos, não sendo estritamente a obsessão perversa de um e a obsessão puritana do outro mais que as duas faces de um mesmo horror aberrante.

II
SUBVERSÃO

Vejo na guerra como amava-se em Deus.
Carta à princesa Soutzo

Mulheres

As mil diversas fantasias que confluem no anti-semitismo nascem daquela, matricial, schreberiana, em forma de impasse uterino, que Proust denomina "o homem-fêmea".

Por qual milagre consegue Proust escapar a esse impasse? Que prodígio faz com que ele verdadeiramente pareça, durante a I Guerra Mundial, Por exemplo ("num momento em que o desarmamento completo das inteligências nunca foi tão funesto"), o último homem são de espírito do país? Como logrou radiografar fenômenos que ninguém sequer havia entrevisto antes?

A resposta, com toda a certeza, se encontra no judaísmo de sua mãe e na maneira bastante sutil com que ele soube investi-lo de seu próprio catolicismo, injetando em si mesmo essa medula judaica como se injeta uma dose de heroína, o que se traduz pelo modo como Marcel se aplica de Albertine, sua heroína, antes de fartar-se dela e curar-se, para a maior glória do seu romance.

Esse derivativo da mãe, em Proust, é algo bastante complexo, do ponto de vista teológico,e até mesmo propriamente crístico, que se epifaniza à medida que a *Busca* avança.

Par o Narrador, isso consiste em transgredir perpendicularmente a ronda lésbica, em arrancar-lhe seu segredo como um espasmo ao penetrar corretamente no corpo de Albertine.

A fim de penetrar em Albertine é preciso,de uma vez por todas, que se convençam daquilo que chamo *a heterossexualidade na alma* de Proust, e que ele próprio, muito concretamente, jamais cessou de reivindicar.

Assim, quando Paul Souday, num artigo que se seguiu ao lançamento de *O caminho de Guermantes*, em novembro de 1920, qualifica-o de "esteta nervoso, um tanto mórbido, quase feminino", Proust soberbamente responde: "De feminino a afeminado há um passo apenas. Os que serviram de testemunhas em duelo lhe dirão se tenho a frouxidão dos afeminados."

Como, diz Proust nos *Prazeres e os dias*, "a mulher realiza a beleza sem compreendê-la", poder-se-ia dizer do homossexual (entenda-se, de qualquer um) que ele realiza a sexualidade sem surpreendê-la; ele produz — fantasiosamente — relação sexual, aquilo cuja existência, com se sabe, Lacan negava.

"Não há relação sexual" entre um homem e uma mulher, o que significa haver uma tal disparidade qualitativa entre essas duas espécies, uma tal heterogeneidade, que a fusão, a solução, no sentido a um tempo químico e matemático, é impossível, tão impossível quanto repartir (pôr em relação) aspargos e abóboras-meninas — catléias e rosas da Pensilvânia, diria Proust —, o que se ensina desde a escola primária.

Em todo caso, no que se refere à questão "Mulheres" (*Mulheres*, título de glória que Sollers partilha — o título e a glória — com Proust, que intitulou *Mulheres* um esboço do personagem de Albertine, e com o Talmude, visto que *Mulheres* é o título da terceira de suas seis Ordens), foi indubitavelmente em Saint-Simon que o próprio Proust forjou suas armas. O divino duque forneceu aqui o mais fulgurante dos foguetes.

As Sentadas

O mais importante míssil das *Memórias* é a famosa "mecânica", a hierarquia da engrenagem da tão pouco turística Versalhes de Saint-Simon.

O duque demonstra, sem fraquezas, os movimentos pendulares do ódio e do desprendimento, os ciclos infinitesimais e lacrados da engrenagem, as órbitas emaranhadas que percorrem as entranhas, as crepitações tempestuosas, as ameaças que pairam, as reviravoltas de gosto, as inversões da animosidade que tão bem ilustra, entre milhares de outros exemplos, o caso dos duques de Chevreuse e de Beauvillier, em que a indiferença (a "santa magnanimidade") prevalece sobre a conspiração.

A corte é um magma flutuante de fel onde "sobrenadam" (expressão predileta do duque) as intrigas, os complôs, as chicanas, as represálias sob os galanteios, as perfídias sob as reverências, mil maquinações oblíquas que eclodem como bolhas mefíticas de rancores frios, de constantes invejas, de irreprimíveis baixezas.

A etiqueta súbito se resume a um pueril e terrível carrossel de carruagens, *ployants*, poltronas, xairéis, cadeiras de encosto, tamboretes e coxins, que transforma a relojoaria cortesã em gigantescas audiências, numa sopa de trocas, de vigarices, de contendas de damas de honor relegadas a damas sentadas, fazendo "tranças com seus assentos", como diz Rimbaud.

Primeiro ensinamento de Saint-Simon a Proust: são as mulheres que conduzem o baile.

O principal modelo delas? Evidentemente a sra. de Maintenon.

Vejam-na, ela também imortalizada em lugar sentado, em sua liteira, o Rei curvado em dois e batendo no vidro da portinhola para lhe falar, desvelando-lhe a falsa guerra do acampamento de Compiègne (a verdadeira está alhures) que ele manda representar para edificação de seu neto,o duque de Borgonha, ele próprio oferecendo sem querer, à corte muda de consternação, como ao inesgotável Saint-Simon, um "espetáculo singular", "que eu pintaria daqui a quarenta anos como hoje, de tanto que me impressionou".

Na última parte do *Tempo recuperado*, Proust descreve as extraordinárias devastações dissimuladas que o tempo imprime nos corpos, e traça uma linha invisível entre os homens, cujas feições amarelecem "como um livro", e as mulheres, não livrescas mas terráqueas, velhas como o mundo, possuindo o seu próprio tempo ("Hoje faz mil anos que nasci", escreve a sra. de Sévigné a sua filha, no dia em que completa 46 anos), sua própria cronologia embalsamada, inchadas, balofas, planetárias de temporalidade, ainda que tenham sido astros em sua beleza de outrora ou camadas acumuladas em sua nova senilidade.

"Ficava-se impressionado ao pensar nos períodos que deviam ter transcorrido antes que se completasse semelhante revolução na geologia de um rosto, ao ver quantas erosões haviam corroído o nariz, que imensos aluviões no canto das faces orlavam todo o rosto com suas massas opacas e refratárias."

Uma única mulher dita sua lei a esse crepúsculo empoado, uma só rainha comanda os travestis do tempo e obriga a inclinar-se o Tempo-Sol que domina o resto do Faubourg. É Odette, tão fantasticamente intocada que parece "um desafio mais milagroso às leis da cronologia do que a conservação do rádio às leis da Natureza".

Aí o míssil saint-simoniano de Proust explode, desvelando a natureza perfeitamente espetacular e automática desse prodígio (prodígio banal de uma mãe injetada em sua filha: "Molly, Milly. A mesma coisa, diluída" pensa Bloom em Ulisses), visto que Odette é comparada à... Exposição Universal de 1878! — com seu chinó desgrenhado de grande boneca mecânica encimando um rosto imóvel e espantado, também de boneca."

Corpo a corpo

Aos fascinantes rituais da etiqueta nas *Memórias* correspondem, em Proust, as longas análises elogiosas da única, verdadeira e grande civilidade, a francesa, diziam Casanova, Sterne, La

Bruyère..., a aristocrática, diz Proust, esse "resto herdado da vida das cortes que se chama a polidez mundana".

Não se trata apenas de louvar a cordial finura natural de um Saint-Loup, em comparação com a inepta indelicadeza de uma Verdurin ou da suave arrogância de um nobre do Império, assim como não se tratava, para Saint-Simon, de pintar o afresco de uma sociedade a um tempo vitrificada e em declínio.

Proust enfoca a comunidade como um corpo, numa espécie de atomismo espiritual, um democritismo às avessas que considera o homem menos como um microcosmo do que o próprio mundo como um macrocorpo, no sentido verdadeiro, à maneira de Arcimboldo. Quem não conhece as representações que Arcimboldo fez de Adão e Eva, regurgitantes de pequenos corpos conglomerados, articulados em desordem, apertados como sardinhas e formando as figuras do primeiro pai e da primeira mãe do mundo?

A palavra *corpus*, em latim, designa ao mesmo temo o corpo em geral, o corpúsculo (*corpora rerum*), a carne, o indivíduo, o cadáver, o tronco, a nação e as partes genitais...

O grande achado de Proust não foi esse macrocorpo em si — o que o faz dizer, em total contradição com todos os seus comentadores, que seu instrumento de trabalho é "antes o telescópio do que o microscópio" —, foi o pormenor de seu triplo funcionamento: diplomático, fisiológico, e invertido.

Corpo diplomático

Imaginemos dois homens de letras assistindo às diversas conflagrações que incendeiam o nascente século XX na França, Caso Dreyfus de um lado, Guerra de 1914 de outro, e decididos a justificar esses eixos rangentes.

O primeiro é um realista menor. Chama-se, digamos, Émile Zoilo.* Ele detalha os slogans, as batalhas, os processos, as invec-

* Zoilo: sofista grego, famoso sobretudo por sua crítica apaixonada e mesquinha a Homero. Alusão a Émile Zola. (N.T.)

tivas, as trincheiras, os combates... Numa palavra, perde tempo, extravia-se, enreda-se na fascinação que consagra a uma França supostamente cortada em duas, a uma Europa por assim dizer retalhada, e não alcança o aspecto globalmente maquinal, teatral, cômico-dramático do espetáculo, que, como todos os seus contemporâneos, tem diante dos olhos.

O outro escritor é um gênio, chama-se Marcel Proust. E, de preferência a abrir os olhos — só enxergando com clareza nas trevas —, ele decide prestar toda a atenção.

Como a diplomacia — arte supremamente amoral e resolutamente cortesã de conciliar os contrários — se alimenta de conflitos, tem necessidade das mais horríveis escaramuças para nutrir seus coquetéis; Proust descobre que os salões não formam uma esfera onírica, provinciana, fora da realidade, mas se abrem no próprio âmago do real.

Ele compreende que o faubourg Saint-Germain, ao mesmo tempo que atravessa o mundo agitado das greves, das guerras, das diversas manifestações ideológicas, como um parasita o seu hospedeiro vicariante, flutua na periferia de suas mil convulsões intestinais, sendo o Faubourg o resultado final, digerido, o resíduo das contrações peristálticas do planeta.

Fisiologia da tagarelice

Penetrando na elite, descascando a polidez mundana, que não passa da tradução justalinear do horror normal do mundo, Proust dá ouvidos ao *corpus eloquentiae*, à quintessência da conversação, ou seja, aos cacoetes da linguagem, à maneira como são vaporizados na língua os sobressaltos da história.

Desvela a ampla fisiologia de um corpo social cujos estremecimentos terminam em caretas de esnobes. Desnuda o nervo esponjoso da comunidade. Faz rebentar a nuclearidade comprimida do vínculo social. Testemunha a regurgitação circular e fixa, pelo expediente do blablablá, do burburinho total.

"Assim, na sociedade polida, encontram-se poucos romancistas e poetas, poucas dessas criaturas sublimes que falam exatamente daquilo que não se deve dizer."

De onde, na *Busca*, e diferentemente de *Jean Santeuil*, o aspecto bastante secundário da atualidade e de seus combates — para amostragem, como o episódio do acampamento de Compiègne —, simples música de fundo embalando o que dela sobressai nas conversas polidas.

A alta sociedade funciona como uma fístula externa, nutre-se da outra, a baixa, mas é também como que o seu dejeto. A habilidade se reflete numa fecalização paralela do mundo da política, da guerra, do sexo e do dinheiro, seu resto (sua peste, dirá Artaud), aquilo para o qual tendem necessariamente todas as ações humanas.

Proust não pôde, ao dissertar sobre a polidez mundana, deixar de lembrar-se do caso cômico dos irmãos Coislin, citado nas *Memórias* de Saint-Simon, os fricotes cortesãos do duque contrastados pela farsa desagradável do cavalheiro "deixando uma grande sela bem no meio do assoalho" da sala da encantadora estalajadeira que os havia acolhido.

É claro que se pensa igualmente na peste espiritual com que Artaud elabora o seu teatro, nos "humores perturbados dos pestosos" que são "como a face solidificada e material de uma desordem que, em outros planos, equivale aos conflitos, às lutas, aos cataclismos e às derrocadas que os acontecimentos nos trazem".

Enfim, e eis o golpe de misericórdia assestado por Proust em nosso escritor menor — bem se pode dizer, a todos os demais —: o macrocorpo do mundo é o de um invertido, no sentido mais radical. Com efeito, esse "resto" que é a mundianidade cintila segundo a própria maneira da inversão — exatamente como o anti-semitismo —, não sendo "superficial, mas onde, por uma reviravolta de fora para dentro, é a superfície que se torna essencial e profunda".

Pequena Sodoma diplomática

Dentro e fora, superfície e profundeza, polidez e reviravolta, "mecânica" e "orgias gregas", eis sobre o que discutem Charlus e Brichot em réplicas hilariantes em *A prisioneira* ("Mas, caro mestre, o senhor é ignorante como uma carpa. — O senhor é duro, barão, porém justo"), e que Proust aliás resume na maravilhosa expressão de "pequena Sodoma diplomática".

Em Saint-Simon, logo à primeira vista, a sodomia é diplomática. Ela "desmagnetiza" as polaridades, apaga as divergências, cinge os casamentos desiguais, é um elástico, um coagulante, um meio de que se utiliza Luís o Grande (Luís XIV) quando quer, por exemplo, terminar com o casamento do duque de Chartres.

"Para vencer tantos obstáculos, o rei dirigiu-se a *Monsieur le Grand**, que sempre tivera sua familiaridade, para obter as boas graças do cavalheiro de Lorena, irmão dele, que também desde sempre governara Monsieur. Seu rosto fora atraente: o gosto de Monsieur não se inclinava para as mulheres, o que ele nem sequer ocultava; esse mesmo gosto lhe dera o cavalheiro de Lorena por mestre, e ele o mantivera por toda a vida."

Assim é que — por meio dessa espécie de dinâmica infecciosa que rege casamentos e óbitos, freqüentemente assinalados em cascata nas *Memórias* — os príncipes de Lorena, de volta de suas entrevistas, obtinham a preeminência sobre os duques, fato a que Saint-Simon dá tanta importância; que os bastardos do rei se viam engrandecer irremediavelmente; que as usurpações de estirpe a seguir se generalizariam; que se desencadearia o rigodão** das etiquetas; que, numa palavra, se acelerariam a decadência e a incúria crescente da mais absoluta das monarquias na mesma medida em que aumentava a rapidez da pluma do duque sobre o papel.

De onde decorre esta conclusão, bela como uma máxima: "Para os de Lorena, eles triunfavam. A sodomia e o adultério duplo tinham-lhes servido bem ao servi-los bem a eles próprios."

Óbvio à vista

"Nas coisas em que Saint-Simon é sumário, creio que outro escritor cumpre seu dever tentando aprofundar", escreve Proust

---

* *Monsieur le Grand:* título do escudeiro-mor do Rei da França. (N.T.)

** *Rigodão*, em francês *rigaudon*: espécie de dança e música antiga. (N.T.)

a Souday. Se Saint-Simon é o inventor do termo "homem-fêmea" para caracterizar o abade de Entragues, as coisas em Proust são de fato mais complexas, diversamente orquestradas.

A expressão "pequena Sodoma diplomática" aparece sob seu sentido óbvio, referindo-se à embaixada que Charlus e Vaugoubert observam no palacete da princesa de Guermantes. Os secretários de embaixada são caricaturalmente descritos pelo Narrador como um "batalhão de travestis", comicamente conduzidos por "um galã de revista" heterossexual — o embaixador —, homem de uma candura que chegava às raias da cegueira, ele próprio nomeado por superiores misteriosos a fim de obedecer a uma estranha "lei dos contrastes". Porém, decididamente míope demais por ocasião do casamento da filha — aí, também, o casamento não passa de um dos disfarces da inversão —, o embaixador é substituído por um invertido a fim de assegurar a "homogeneidade do conjunto."

Visão paranóica de uma distribuição sexuada dos poderes, a de Charlus, "que via facilmente em toda parte seus semelhantes", visão que ele aplica, por outro motivo, aos judeus, assinalando o desprezo de todo aquele que, homem ou mulher, só obtém uma parcela de Sodoma.

A inversão é menos um erro de visada que uma visão daltônica do mundo. Ela se revela, conseqüentemente, ser inteiramente relativa, puro jogo de palavras, conforme confessa, numa novela da juventude intitulada *Antes da noite*, uma lésbica que vai morrer: "Porque a maioria das pessoas vêem vermelhos os objetos qualificados de vermelho, não se pode dizer que os que os vêem violáceos se enganam."

Nota-se que a cena se desenrola ao crepúsculo, a uma luz de fato nem vermelha nem violácea (o que opõe "normais" e "anormais"), porém rósea, escreve Proust, e até "rosa de igreja".

Logo, se Charlus se equivoca sobre a sexualidade de um dos secretários, é porque — contrariamente a Proust — ele forma uma idéia falsa da homossexualidade, onde a inversão faz um desvio, colocando à sua frente um homem mulherengo para melhor se manifestar e reinar sobre o mundo.

O ouvido vê

E, de fato, o balé das embaixadas, concorrendo para a palma da inversão, é apenas uma imagem. Proust não quer, de modo algum, fazer de Sodoma a chave do maquinismo de uma lanterna mágica que tenha as dimensões do planeta. Seria grotesco acreditar que os homossexuais dominam secretamente o mundo. Eles não dominam nada mais nada menos que os heterossexuais, assim como as mulheres não são globalmente oprimidas pelos homens, nem estes majoritariamente submetidos às mulheres.

Essa concepção simplista — e ela própria fortemente conotada pela inversão — de uma luta dos sexos, de uma conflagração de sexualidades, não alcança a coerência de conjunto do tabuleiro de damas (Proust gostava muito de jogar damas), o que Saint-Simon já denomina, no seu prefácio, "o Nada do mundo", não uma vacuidade caótica e sim uma perpétua manobra, o que ele também chama de "as diversas máquinas, muitas vezes os nadas aparentes que têm movido as molas dos acontecimentos ocorridos mais vezes e que deram origem a outros".

A imagem de uma partilha de poderes numa vasta conjuração de libidos não é essencialmente falsa: ela é obscura (no sentido de uma roda empenada),* pois ela se baseia naquilo que salta aos olhos, em vez de se confiar no que grita ao ouvido.

Que é que grita ao surdo ouvido dos homens e que, desde sempre, apenas os artistas compreendem?

O que é esse grande assunto que sempre apaixonou os escritores, "de que se pode falar sem rir" (Nabokov), de Homero e Philip Roth, de Hesíodo a Sollers?

Qual é esse mistério sáfico que Baudelaire descobriu desde a infância, esse "negro mistério Dos risos desenfreados envoltos em choros melancólicos"?**

O que contém a alquímica substância luminosa do riso de Albertine?

---

* Ocorre aqui um jogo de palavras: *voilée*, em francês, significa "oculto, obscuro", mas *roue voilée* quer dizer "roda empenada". (N.T.)

** No original: "noir mystère Des rires effrenés mêlés aux sombres pleurs." (N.T.)

Que é que diz "sim" ao ouvido no mole *yes* escorrido de Molly?

O gozo feminino, é claro. Ora, aqui não é o olho que escuta e sim o ouvido que vê. Aliás,não foi por acaso que, relativamente ao caso prismático de Proust, o admirável Claudel se mostrou tão apalermado quanto o triste Gide.

O ateísmo da fé

A questão daquilo que, a partir da realidade, se oferta à vista ou então ao ouvido é essencialmente, na perspectiva teológica que Proust não cessa de ativar, a da fé.

Muito majoritariamente, os homens não acreditam naquilo que vêem. Os escritores, munidos de uma espécie de sonar animal, como os golfinhos ou os morcegos, e que é difícil denominar senão como sendo a graça, só têm fé naquilo que ouvem.

Esta perspectiva teológica, que se derrama ao longo de toda a *Busca* em grandes raios luminescentes de metáforas católicas, é também, indissociavelmente, a da escrita.

"A continuidade do estilo não é comprometida, e sim assegurada pela sua permanente renovação. Há nisto uma razão metafísica, cuja exposição alongaria demais esta resposta."

É inútil acrescentar que, fora Joyce e Kafka, ninguém verdadeiramente se dignou a debruçar-se, naquela época, sobre essa "razão metafísica" que Proust lançou como um enigma aos jornalistas que foram interrogá-lo no fim da vida, e que já se encontra em santo Agostinho.

"Lembrai-vos que é uma mesma Palavra de Deus que se espalha em todas as escrituras, que é um mesmo Verbo que ressoa na boca de todos os escritores sagrados, ele que, sendo no começo Deus junto a Deus, não precisa de sílabas pois que não está submetido ao tempo."

Se não deixo de insistir nesse aspecto teológico da *Busca*, na teologia própria do romanesco, é porque as questões cruciais abordadas por Proust, relativas ao vício e à virtude, ao amor e à amizade, à castidade e à devassidão, à hetero e à homossexualidade, ao tribadismo e à sodomia... essas questões nevrálgicas são verdadeiros pontos de fé.

O que Freud denomina neurose na religião é o que, nela majoritariamente, produz uma "seita". Aquilo que Proust e os teólogos denominam religião é a arte, ou seja, muito paradoxalmente, o verdadeiro ateísmo da fé.

A amizade

Exemplo de um ponto de fé universal: a amizade.

Nem imaginamos o ódio que valeram a Proust as passagens em que ele sacrifica a amizade sobre o altar da escrita. Nas *Moças em flor*, a amizade é qualificada de "funesta", pois se opõe ao recolhimento do escritor. Em *O tempo recuperado* transpõe-se uma nova etapa, os amigos se transformam em objetos, bibelôs, não-seres, a amizade é um "alimento abjeto", uma "simulação", uma "doce loucura", "o erro de um doido que acreditasse que os móveis vivem, e conversa com eles".

A Louis de Robert, que, por ele, faz diversas tentativas inúteis junto aos editores, Proust escreve uma frase que, sob as denominações de ternura derramada, conclui, quanto à literatura, pela equivalência entre a amizade e o crime: "Quanto mais cresce minha amizade, quanto mais se enternece a cada novo testemunho que você me dá da sua, jurando não mais impor a si mesma o sofrimento de atormentá-lo, tanto mais se complica a engrenagem dos serviços que tenho a lhe pedir, à qual me empenha a fatalidade das circunstâncias, como o personagem de Dostoievski é impelido ao crime."

Renega Proust a amizade? Nada de espantoso, trejeitam os rumores, pois trata-se de um grande enfermo, um alienado, ele tortura ratos, espreita bisbilhotices, imita os cacoetes ridículos de seus conhecidos, dá chineladas nos admiradores...

Se Proust na verdade escandaliza da mesma forma todos os seus leitores, não é porque toma partido da escrita contra a amizade, mas simplesmente por não fazer desta última um ponto de fé.

Ao seu caderno, confia como se falasse a um amigo: "Sabem o que eu penso da amizade; julgo-a tão nula, que nem sequer sou intelectualmente exigente a seu respeito."

Depois, acrescenta: "Acreditarão que tenho um coração seco. Não julgo que exista algum tão terno; porém como virtude de um ateu."

Enfim: "desfruto da amizade, mas não creio nela. Eles: creio nela, mas não a desfruto."

Proust, o mais perfeito dos amigos segundo todos os contemporâneos, ousava não professar a amizade! Ora, a amizade, que outra coisa não é senão a homossexualidade idealizada em ternura, gentileza, generosidade, pequena frases e serviços, apelidos e piscar de olhos, migalhas de frivolidade global, assim como a que se derrama em sua correspondência com Reynaldo Hahn.

É que se pode, segundo diz ele nessa pequenina e essencial lição de teologia, desfrutar daquilo em que todavia não se crê. Substituam aqui a palavra "amizade" por "inversão", e terão a justificativa incandescente da tese principal do *Sexo de Proust*.

A Louis de Robert, no verão de 1913: "Se, sem falar, por nada deste mundo, em pederastia, eu descrevesse adolescentes vigorosos, se descrevesse amizades carinhosas, graves, sem nunca deixar entender que isso vai mais longe, então teria por mim todos os pederastas, porque lhes apresentaria justamente o que eles amam."

É o que vamos demonstrar.

Correspondências

Portanto, não existem verdadeiramente relações de força entre a homo e a heterossexualidade, nem entre as mulheres e os homens, e sim uma rede de correspondências, no sentido misterioso que confere Baudelaire a esse termo, "Vasto como a noite e como a claridade" e que Proust vai estudar com o auxílio de um instrumento melódico, saído de uma aliança do ouvido e do olhar, assim como na pequena sonata dos Vinteuil, pai e filha.

Os exegetas do célebre soneto de Baudelaire assinalam que o verso: "A Natureza é um templo em que pilares vivos..." nasceu de um versículo de são Paulo: "O universo foi formado pela palavra de Deus, de modo que o que se vê não foi feito de coisas visíveis."

Ver o invisível, graças ao ouvido: difícil subverter melhor toda idolatria espetacular possível.

Se Racine é a fina flor judaica de seu catolicismo (dito de outro modo: Racine é a transubstanciação literária de sua mãe — "Os belos traços do seu rosto judeu, todo impregnado de doçura cristã e de coragem jansenista, faziam dela a própria Esther..."), Baudelaire é uma referência mais propriamente mística. É o termo que Proust emprega em sua grande carta a Rivière, e que o próprio poeta escreve numa carta a Toussenel, evocando "*a analogia universal*, ou o que uma religião mística denomina a *correspondência*".

O que Baudelaire chama de "analogia universal" é o que, em boa teologia, se denomina "analogia da fé", que justifica a coesão das verdades da Igreja. Ela é tirada de uma outra passagem enigmática de são Paulo, na *Epístola aos Romanos*, segundo a qual "nós somos vários em um só corpo no Cristo", o que não deixa de recordar o macrocorpo a que me referi anteriormente, como se, à inversão do corpus social, os escritores respondessem pelo que é necessário qualificar de *corpus christi*.

Além disso, Proust, retomando de novo essa idéia das variações sobre um único tema — os escritores sucessivos formam, desde Homero, as mil epifanias de um mesmo clarão, "como as cinqüentas catedrais ou os quarenta nenúfares de Monet" —, rejeita a idéia de Sainte-Beuve de que "a sociedade é mulher", e que Balzac a ela se atiraria, tal como o pintor sobre seu modelo. Para Proust, a sociedade não é uma mulher, mas um invertido pouco sensato, que só se atravessa assegurando-se a naveta heterossexual entre as lésbicas.

Depois de ter relido os "sublimes *Destroços*"* de Baudelaire, Proust escreve, em 1920, a miss Barney: "Como é mais audacioso do que tudo que se julga audacioso." Ela lhe escrevera: "Tenho medo do que possa dizer sobre Gomorra." Ele lhe respondeu:

---

* No original, *Épaves*. Trata-se de um conjunto de 23 poemas, publicados em Amsterdã (1866). (N.T.)

"Meus sodomitas, de fato, são horríveis; mas minhas gomorrianas são todas encantadoras."

A célebre rainha das tríbades parisienses, por sua vez, achará, como Gide, como Louis de Robert, como mais ou menos toda gente, perfeitamente "inverossímeis" as lésbicas de Proust. E concluirá, com desprezo: "Não infringe quem quer os mistérios de Elêusis!"

Em todo caso, bela confissão. Boa indicação da dose de Hades com que a questão sempre é encoberta. E no caso "Inferno", Proust encontrará em Baudelaire um guia perfeito para a sua Divina Comédia, um barqueiro, um navegante que assegura a correspondência, a "'ligação' entre Sodoma e Gomorra", escreve ele a Rivière, no fim da vida, numa longa carta recheada de citações tutelares e sabidas de cor das *Flores do mal.*

O gênio ou nada

Mas o catolicismo de Proust é bem mais diretamente bíblico que o de Baudelaire, excessivamente desviado por Swedenborg.

Desdobrado, o trecho de são Paulo que evoca o *corpus christi* assume uma adequação bem sádica: "Nós temos diversos membros em um só corpo, e todos estes membros não executam a mesma ação; da mesma forma, somos vários em um só corpo no Cristo, e cada um membro dos outros, porém com dons diferentes segundo a graça que nos foi dada."

Primeira evidência: há uma transação diferenciada dos membros de uns e outros, de modo que o máximo de penetração possível aqui corresponde ao máximo de ação possível alhures.

Inútil insistir.

Segunda evidência: A "medida de fé" não é a mesma para todos. A distribuição da graça é profundamente desigual, especialmente o dom de profecia — o gênio artístico —, que Proust se compraz em descascar em Vinteuil, Bergotte, Elstir, fisionomias diversas dele mesmo, tais como Balzac, Dostoievski ou Baudelaire, com vistas a analisar diretamente, e em ação, a natureza de seu próprio gênio.

Assim, a *Busca* não é, como se apraz repeti-lo, o romance de uma indolência, mas, ao contrário, o de uma vitória. Não é sequer, como dizia Roland Barthes, "a história de uma escrita", e sim as histórias sem fim de um corpo, do corpo de um escritor macho, heterossexual e católico, ou, dito de outro modo, de um corpo glorioso.

Não seria possível existir esse romance fora dessa vitória.

Eis outro dos aspectos mais escandalosos da *Busca*, que provocou, como reação, essa febre escaldante em torno da suposta biografia de Proust e a "surda desgraça" — para empregar uma expressão de Bussy-Rabutin à sra. de Sévigné — que acompanha seu livro:

Toda a teoria proustiana do gênio se resume a essa evidência de que não existe arte menor. O que é menor, em arte, não é a arte. Não temos de escolher entre uma literatura menor e outra maior; é a literatura ou nada. Se você não é um gênio, jamais será escritor. A literatura é como o reino dos céus, muitos são chamados e poucos escolhidos. Quantos falsos padres para um só profeta!

"A palavra é a sombra do ato", diz Demócrito. Glosar indefinidamente sobre o gênio não faz ser genial; "o gênio consiste no poder de refletir e não na qualidade intrínseca do espetáculo refletido".

Assim, Proust não se contentou em glosar; deu provas de sua capacidade. Com uma severidade sorridente bem crística, expulsou com uma rajada de sua estilística reflexiva os mercadores do Templo, fez desabarem os pátios da Bolsa, desvalorizou tranqüilamente seus contemporâneos mais cotados, Anatole France, Alphonse Daudet, Maurice Barrès, Paul Bourget, Jules Romains, e todos os outros.

Proust metamorfoseou os literatos de seu tempo em camelos sufocados, embaraçados diante da portinhola que conduz do século XIX ao século XX, enquanto ele próprio transpunha alegremente esse buraco de agulha, em largas passadas.

A Colette, escreveu ele com a mesma ironia infinita com que se dirigira a Maurras: "Mas é desagradável tê-la visto e depois não reconhecê-la, como se vivêssemos em épocas ou séculos diversos."

Outra precisão teológica: a "analogia do ser", a *analogia entis*, participa da beleza, é o próprio motor da arte sacra, segundo o versículo do *Livro da sabedoria*, tradicionalmente invocado: "Pois, falando da grandiosidade e da beleza das criaturas, contempla-se por analogia o seu autor."

Ora, esse livro pertence aos escritores deuterocanônicos, que o cristianismo considera relevantes dentro do Antigo Testamento, embora eles estejam ausentes do cânone judeu da Bíblia.

Ao contrário, Proust, intitulando em 1916, portanto em plena guerra, *Sodoma e Gomorra* a sua obra-prima sobre a inversão, decide claramente manter-se na filiação judaica do catolicismo.

Escolhe antes explorar a beleza da fealdade do que a beleza da beleza; a guerra das gárgulas de preferência à paz dos bravos; o pórtico da catedral primeiro que suas colunas. "Recuam os doutores da Igreja diante da pintura do pecado?" — indaga com desassombro num caderno.

Proust prefere a anagogia à analogia.

O anal lógico

No ponto em que o judaísmo conta setenta, o catolicismo vê duas fisionomias das Escrituras: o sentido literal e o sentido espiritual. Este último se subdivide em três moléculas: o sentido alegórico, o sentido moral e o sentido anagógico, "o que conduz ao alto", como a Jerusalém celeste é uma anagogia da Igreja sobre a terra.

Mas existe igualmente uma acepção puramente lógica da anagogia; é o significado que o termo adquire em Leibniz, onde é sinônimo de indução, ou seja, aquilo que remonta dos fatos esparsos à lei geral. Pois bem, essa indução estética de uma teoria que aflora sob os exemplos particulares, esse palimpsesto estruturado como um romance que transparece por baixo das histórias variadas da guerra, essa *Odisséia* que decore da *Ilíada*, eis o que faz o Narrador se apaixonar pelas lições estratégicas dos amigos de Saint-Loup, em Doncières, "como ocorria sempre que alguém me mostrava o geral sob o particular".

No que se refere à guerra, Proust escreve à princesa Soutzo: "Para mim, ela é menos um objeto (no sentido filosófico do termo) do que uma substância interposta entre mim e os objetos."

A guerra, para quem sabe praticar a arte, oferece uma visão substancial, radiográfica, profética, rítmica, luminosa e fulgurante do espetáculo ordinário que a simples vista distingue inabilmente: "Vede pela boca, falai pelos olhos", indica Sun-Tsé na sua *Arte da guerra*.

É preciso, portanto, diferenciar a lógica inversa da embaixada diplomática, que visualmente engana Charlus — espécie de chamariz analógico, imagem de um anal lógico em que a homossexualidade dirimiria toda e qualquer discordância, assim como se admite que a diplomacia resolveria as guerras —, da anagogia deslocada que ela revela em outra parte, e a lei mais universal que dela se pode inferir, por ocasião de um passeio do Narrador durante a noite em plena guerra.

Anagogia dos anjos

A anagogia, com efeito, nasce naquela passagem célebre do *Tempo recuperado* em que o Narrador tem sua terceira revelação, ao descobrir o hotel de Jupien e o masoquismo homossexual de Charlus.

No ponto mais alto, no sétimo céu se preferem (*O sétimo céu* era um dos títulos que Proust havia projetado, a princípio, para *Em busca do tempo perdido*), "a lua estreita e recurva como um sequim parecia colocar o céu parisiense sob o signo oriental do crescente".

E logo surgem as *Mil e uma noites,* convocadas por essa lâmpada de Aladim em que se transforma Paris, para selarem, como nas *Memórias* de Saint-Simon, o triunfo indiscutível e definitivo do romancista.

Um pouco mais embaixo, nas nuvens negras da guerra, os *gothas* que bombardeiam a cidade.

Sobre a terra, na noite das consciências, o *Gotha* enlouquecido que fecha os hotéis.

Por fim, bem no fundo do abismo, um estranho Gólgota invertido, uma geena analógica onde se aplicam tão perfeitamente a Charlus estes versos do longo poema de juventude que Baudelaire dedicou a... Sainte-Beuve, após a leitura do romance deste, *Volúpia*:

Et devant le miroir j'ai perfectionné
L'art cruel qu'um Démon en naissant m'a donné
— De la Douleur pour faire une volupté vraie, —
*D'ensanglanter son mal et de gratter sa plaie.**

Quanto a Proust, não contente em revogar em bloco o velho par ideológico vício-virtude, mostrando que ele provém de uma mesma óptica invertida (como Freud haveria de mostrar que o par sadismo-masoquismo compartilha de uma mesma homossexualidade periférica), leva a audácia ao ponto de demonstrar que essa visão está estruturada com uma verdadeira teosofia negadora.

Assim, depois que o Narrador viu às escondidas a encenação do masoquismo de Charlus, o bom Jupien, preocupado com que não julguem mal o seu lupanar, sai-se com esta fórmula brilhante: "Aqui é o contrário dos carmelos; é graças ao vício que vive a virtude."

Seu bordel não é a cloaca que se poderia crer, mas uma espécie de refrigério maniqueu, um calorífero às avessas que metamorfoseia o quente em frio, a dor em prazer e o mal em bem, segundo a própria definição da algolagnia. E trata-se mesmo de um inferno glacial, como em Dante, e que deixa o Narrador exposto às bombas anunciadas por uma sirene que "não perturbava os convivas de Jupien mais que o teria feito um *iceberg*".

A fantasia de tortura medieval de Charlus, que reclama a "barra de justiça" dos marinheiros, assume toda a sua extensão *anticrística* na expressão, inventada por Proust, de "cruz de jus-

* "E diante do espelho aperfeiçoei/ A arte cruel que um demônio, ao nascer, me outorgou, / — a Dor para fazer uma verdadeira volúpia, — De ensangüentar seu mal e de coçar sua chaga." (N.T.)

tiça", como se o velho barão procurasse, ao se fazer chicotear, concorrer com o Cristo, alcançá-lo, ultrapassá-lo, enfim, aboli-lo. Dentre os livros que Charlus empresta a Morel, e que ostentam diversas sentenças que soam como declarações de amor, uma *Spes mea* ("Minha esperança"), é tomada a Henrique III, com uma supressão ligeira, minúscula, infinitesimal, pois a verdadeira divisa reza: *Spes mea Deus* ("Deus é minha esperança").

Em suma, há um fundo de mau gosto na algolagnia, uma tolice sulpiciana do supliciado, uma frivolidade maldosa do sádico que jorra na "espetacularização" que Charlus organiza de seu vício, e que se opõe diretamente ao pudor conspirativo das tríbades, às mil disseminações de Albertine que tanto comovem Marcel.

Toda a teosofia da inversão se profere, assim, nesta maravilhosa máxima de Jupien, perfeito pastiche de La Rochefoucauld, que via na polidez aristocrática (a de Saint-Loup) o único remédio possível para o veneno substancial do amor-próprio (o de Charlus), para a natureza absolutamente viciosa dos homens.

Assim, do céu à terra, uma analogia invertida da arte.

Mas, da terra ao céu, uma anagogia da escrita, já comparada, nas *Moças em flor*, a propósito do gênio principiante de Bergotte, à decolagem vertical de um aeroplano (Proust, numa carta, igualmente compara Baudelaire aos irmãos Wright), ao passo que em *O tempo recuperado* o vôo glorioso da triunfante escrita é doravante o das "mil asas dos anjos que realizam mil voltas por minuto".

Baudelaire via no poeta um albatroz, e, em seus pensamentos, andorinhas. Proust, mais radicalmente católico — porque, mais judeu, conceberá o escritor como um santo, o gênio como uma graça vitoriosa (sinônima, no século de Pascal, da graça eficaz: a que traz consigo, a um tempo, o dom e o cumprimento), e seus pensamentos como anjinhos.

"E como — escreve ele sobre os anjos de Giotto — são criaturas reais e efetivamente voadoras, vemo-las elevando-se, descrevendo curvas, fazendo *loopings* com a maior facilidade, arremessando-se na direção do sol de cabeça para baixo à força de asas, as quais lhes permitem manter-se em posições contrárias às leis da gravidade."

III
INVENÇÃO

"Não existe um teorema que diz: quando dois triângulos semelhantes etc.? Pois bem, creio que essa geometria também é verdadeira para a humanidade, e que, sem se afastar de um raciocínio exato, encontra-se naturalmente, com a mais sutil precisão, o que a vida controla de imediato, para o irrefletido espanto do leitor informado."
Carta ao duque de Guiche

Trindade metódica

À imagem matricial do "homem-fêmea" se opõe a do escritor perpétuo, e, à beira de duas esferas, a da mulher temporal, "um *a-priori* metafísico inspirado naquilo que Albertine possuía de individual", diz o Narrador, e que lhe será necessário transformar num "*a-posteriori* constituído pela imbricação contingente mas indissolúvel de minhas lembranças".

Albertine é a passarela que permite a viagem do antes ao depois, primeiro por uma dilatação, e a seguir por uma pulverização da personagem da popa à proa do romance.

Ela é a personagem mais importante da *Busca* — seu nome aí aparece 2360 vezes —, seu coro configura "uma tábua de logaritmos" que o Narrador vai decifrar segundo três métodos simultâneos antes de encontrar a solução matemática que lhe concederá a chave da escrita: a libertinagem, o casamento e o despreendimento.

Neste sentido, se a evanescente Albertine corresponde a um homem, não é a Agostinelli, como gargalham os biógrafos, mas ao próprio Proust, assim como Flaubert podia afirmar que era Madame Bovary, e como Sade poderia ter dito: "Juliette sou eu."

A alma e o corpo

A fascinação do pervertido por seu sexo é hipnótica, é uma filosofia reconstituída, uma visão do espírito no sentido próprio.

Numa variante da *Primeira aparição*, Proust liga a inversão de Charlus justamente a uma ambliopia espiritual, uma "visão de seu pensamento" perturbada pela opacidade deformadora de seu próprio corpo.

"Se algo, desde aquela época, me pudesse ter demonstrado a utilidade da arte, bem com o remorso de não lhe ter consagrado toda a minha vida, seria o de ver que meio deformante é o corpo."

Assim, a literatura não repousa exclusivamente na posição do corpo (Proust era concretamente homossexual), nem na da alma (Céline era concretamente anti-semita); ela brota quando a alma e o corpo literalmente se conjugam.

"Nossa alma está lançada no corpo, onde acha número, tempo e dimensões", escreve Pascal.

"Sabe: o nome da tua alma é sangue, tinta é o nome do teu espírito", entoa o cabalista Abraham Aboulafia, no século XIII.

Portanto, o segredo está na conjunção, no "E": "E me será permitido possuir a verdade numa alma e num corpo" (Rimbaud).

Uma alma *e* um corpo. Não uma alma em um corpo (esquema platônico), nem um corpo sem alma (cegueira do espetáculo pornô), nem uma alma sem corpo (seria o caso da morte), mas uma alma com um corpo (a alma contra o corpo configura a neurose).

Em hebraico, a conjunção copulativa *e* é uma única letra, o *vav*, pequeno bastão reto como um foguete, gracioso falo que se une como prefixo a qualquer palavra, um tanto como o sufixo *que* latino.

Como é que esse *e* introduz a copulação na língua? Ele deslancha a conversão temporal indispensável para que a letra se ponha em movimento. Com efeito, na gramática hebraica a palavra "e" colocada à frente de um verbo muda o tempo de sua conjugação para o futuro, se estava no passado, e para o passado, se estava no futuro: *e ele dirá* significa *ele dizia, e ele dizia* significa *ele dirá*.

Assim o "macho *e* fêmea" do Gênesis confirma que entre o homem e a mulher — entre Marcel e Albertine — é mesmo a temporalidade — "um pouco de tempo em estado puro" — que cava o abismo.

A babaquice

A inteligência invertida não é literária, dizem Proust e Céline, pois ela apresenta, como reverso, uma profunda fascinação pelo mistério da babaquice humana, pelo umbigo da razão que é a vulva de uma mulher.

A babaquice é uma cegueira sobre o que a vulva comporta de verdade, de ciência ignorante da morte — de onde a banal beatitude invertida em torno do mistério da vida, da gravidez, do nascimento etc. Proust, quando descreve o ventre grávido da criada de cozinha, em *Swann*, compara-o, longe de qualquer tipo de êxtase, ao peso de uma agonia.

O verso que Proust cita na epígrafe de *Sodoma* é tirado ao poema *A cólera de Sansão*, de Alfred de Vigny. Proust podia também ter pensado na admirável cólera erótica de Golaud, em *Pélleas*, o qual, agarrando como se fosse a crina de um cavalo a longa cabeleira dourada de Mélisande, lança, numa interpenetração estriada e trêmula de clarins, o lancinante grito de Davi diante da morte do filho pendurado pelos cabelos.

A alusão a Sansão através de Vigny era contudo uma idéia excelente, pois se existe mesmo uma radical demonstração de babaquice na Bíblia, é a história desse homem:

Sansão, o herói heterossexual por excelência, hiperviril e grande fornicador, cuja força total reside no comprimento da cabeleira, ou, dito de outro modo, no seu conhecimento íntimo das mulheres (tem a feminilidade no pensamento), Sansão viu a verdade mortífera e traidora de Dalila.

Aliás, ele consegue, magnificamente, lograr três vezes seguidas Dalila, induzi-la em erro quanto aos "laços" que ela gostaria de lhe armar, até que a evidência do *eros*, por demais flagrante, o torna cego.

O texto diz: *vatiqtsar nafsho lamout*, "sua alma endurece na morte". O verbo qatsar (a partir do qual se formou *vatiqtsar*) significa, a um tempo, *colher* ("Quem semeia o vento...", clama o profeta Oséias), *cortar* (de fato, Sansão vai se deixar castrar estupidamente), *ter falta* (mais estratagemas), *estar impotente* (é claro), *impaciente* (seu ardil se esgota), *desesperado* (cansaço), *míope* (vista curta), *asmático* (sem fôlego)...

Comentário do Talmude: "Sansão ia onde seu olhar o atraía; o resultado foi que teve os olhos furados pelos filisteus."

O invertido encarna a esperança absurda de abolir o que no sexo abre lacuna entre as partes adversas: a vulva, "a enorme solução de continuidade", escreve La Fontaine. Esta é a razão pela qual "os dois sexos morrerão cada qual por seu lado", outra citação que Proust faz de Vigny na *Primeira aparição*. À esterilidade do hermafroditismo antigo corresponde, depois da amarga decepção da humanidade ao descobrir a heterossexualidade, a acre resignação à cegueira do cada-um-na-sua, precisamente a fim de não ter mais de constatar a impossibilidade reiterada da fusão. E foi neste sentido que Lacan pôde escrever num apontamento: "A recusa à segregação está naturalmente no princípio do campo de concentração."

A vulva é, desse modo, o que torna o sexo tão misterioso, tão obscuro, magnético, irracional, contraditório, não aristotélico. *A* certamente não pode igualar *não-A*, mas está no caso de fazê-lo gozar.

Portanto, escrever consiste em desvaginar, no sentido em que só se atravessa a vulva libertando-se dela. A literatura é uma arte da penetração, uma sutil ciência heterossexual que volta a penetrar a vagina, o que se mantém enigmático aos outros.

O conhecer

Que a heterossexualidade seja uma arte da penetração, foi esta uma das primordiais afirmações da Bíblia. Trata-se do famoso "conhecer" bíblico, do que muitas vezes se acredita que assinala uma pudicícia que o Velho Testamento, na realidade (seria preciso lê-lo mais), resolutamente ignora.

"Adão conheceu Eva, sua mulher"; isto significa que Adão penetrou, logo à primeira vista, o mistério da sexualidade, antes mesmo que se inventasse o pecado, o que é uma inovação teológica importante: não é a sexualidade em si que é pecadora, e sim o desconhecimento.

Em resumo, quanto mais se desvagina — quanto mais se delira, diria Céline —, menos se é babaca: envulvar é conhecer. E conhecer não significa dar provas de inteligência (o puro saber é insípido, ensina o *Contra Sainte-Beuve*), mas de penetração, isto é, de pensamento.

Se a inteligência calcula, o pensamento ejacula. De modo que a prece surge como uma pura modalidade do pensamento. O que não deixa de atingir o judaísmo com violência há milênios.

Logo, o homossexual não evita a vulva das mulheres por repulsa, mas porque se abismou nela e dali não soube sair. Ora, para gozar com uma mulher não é necessário contentar-se em penetrar na vulva, é preciso saber desvaginar, é preciso estar apto para o desprendimento.

"Corpo seco e flexível, espírito ágil e gracioso, coração sentimental e indiferente..."

O indiferente

É o título de uma novela de juventude de Proust. Trata-se de um homem mundano pelo qual se apaixona uma jovem e bela viúva, Madeleine, marquesa de Gouvres. Ora, inexplicavelmente, Lepré se revela insensível aos encantos da "mulher mais mimada de Paris". Madeleine acaba por interrogar dois homens que lhe contam o segredo dessa frieza que a enerva: "Lepré é um rapaz encantador, mas tem um vício. Gosta das mulheres desprezíveis, que a gente pega no lodo, e as ama loucamente; às vezes passa as noites nos subúrbios ou nas avenidas da periferia, arriscando-se a ser morto, e não só as ama loucamente; ama apenas a elas. A mais deslumbrante da sociedade, a jovem mais ideal lhe são absolutamente indiferentes. Nem sequer lhes presta atenção. Seus prazeres, suas preocupações e sua vida estão alhures."

Eis, portanto, um texto escrito aos 22 anos, não incluído o conjunto de *Os prazeres e os dias* ("Mallarmé julgaria este livro muito bom porque possuía o demônio da Indulgência", escreverá Proust em 1921), um texto que ele pensará em consultar de novo em 1910, em plena redação de *Um amor de Swann*, e a cuja leitura já é possível esboçar um retrato do indiferente que serve a uma teoria mais geral do desprendimento.

O indiferente, em primeiro lugar, não o é por extinção letárgica. Sua curiosidade simplesmente está se soslaio: sua vida encontra-se alhures.

O indiferente é sincero, sem afetação na sua macia impassibilidade, cortês e afável. A atração que exerce por um ricochete de seu charme não pertence a essas "máximas de faceirice contidas no célebre: 'Se não te amo, tu me amas'", de que Madeleine espontaneamente faz uso, e que, é claro, fracassa frente a uma ponderação real e mais astuta que seu pobre ardil banal.

O indiferente não se deixa abrandar, vive se deslocando. Assim é que, sabendo da próxima partida de Lepré para uma longa viagem ao estrangeiro, Madeleine sente a primeira mágoa de amor, comparada por Proust a uma primeira crise de asma.

O indiferente é intrépido, assume riscos, o fato de freqüentar os piores apaches não perturba o seu ponto de vista. O indiferente pode chegar até a bater-se em duelo (a 6 de fevereiro de 1897, debaixo da chuva, nos bosques de Meudon) com um jornalista devido a alusões infamantes. Hahn: "Marcel mostrou um sangue-frio e uma firmeza, nos últimos três dias, que parecem incompatíveis com seus nervos, mas que não me espantam de modo algum." E o próprio Proust, no ano de sua morte: "Eu tinha pouco mais de 20 anos, era para mim um divertimento infinito."

O indiferente conhece até a ponta das unhas a arte maior da guerra. É vigilante e esclarecido, porém externamente mostra muita segurança, simplicidade e até indiferença. Está sempre em guarda, embora pareça não pensar em coisa alguma. Desconfia de tudo, conquanto dê a impressão de não ter desconfianças. É extremamente secreto, apesar de parecer só fazer as coisas a descoberto...

"Isto não é fácil, é bem difícil" (Sun-Tsé).

Portanto, o indiferente possui um senso agudo de honra, mas nem por isso é puerilmente inconsciente. Na realidade, sua coragem é uma energia voltada para um objetivo primordial, seu corpo vai em busca de um foco de luz de que os outros fogem. A Louis d'Albufera, em março de 1915, Proust escreve: "Sei que eu, dois ou três dias antes da vitória do Marne, quando todos achavam iminente o cerco de Paris, levantei-me certa noite, saí ao luar, lúcido, brilhante, reprovador, sereno, irônico e natural..."

Indiferença não é insensibilidade. O indiferente não é destituído de coração, nem cruel. Lepré, ao contrário, é considerado "um homem inteligente, artista, muito agradável, muito bom filho". Este último aspecto retorna por ocasião da revelação fatal: "Seu pai já era assim, e se o mesmo não vai ocorrer com seus filhos é porque não os terá nunca."

É claro que aí temos uma configuração crística clássica, como sempre em Proust, com o Pai, o Filho e o Vício, assim entendido um divertido Espírito-Santo que perturba Madeleine a ponto de fazê-la equivocar-se quanto a seu papel, escandalizar-se como são Pedro com a acolhida imperturbável à sua meiguice.

Digno filho de seu pai, a exemplo do Cristo, o indiferente tem com sua mãe relações mais complexas, enredadas de cumplicidade e afastamento, de modo que pode lhe escrever: "Tua ausência, mesmo sobrevindo num período tão desastroso da minha vida, começa todavia a produzir seus frutos."

Para os cegos, a quem ofusca o catolicismo de Proust, eis, sem dúvida, a mais bela frase de *O indiferente*, que segue-se algumas linhas após a revelação: "Não longe deles algumas casas cercadas de jardins repousavam na luz suave da noite, longínqua, oriental e religiosa como se fosse em Jerusalém."

Sarabanda a Única

Esta luz suave desponta ao fundo, à direita, num célebre quadro de Watteau também chamado *O indiferente*, ou às vezes *A dança*.

Proust gostava muito de Watteau. Consagra-lhe um poema onde aparecem *O indiferente*, "Com seu manto azul sob incerta máscara", e *O embarque*, dois quadros que ele designará de novo, no fim da vida, em 1921, entre os oito possíveis para uma tribuna francesa no Louvre.

Escreveu ainda uma espécie de "Retrato de artista em Watteau", artigo melancólico em que evoca a tísica terminal, as mudanças irreprimíveis, a generosidade ilimitada e os amigos solícitos do pintor-escritor Prousteau. Aliás, traçar um retrato de si mesmo em outra pessoa "é bem próprio dos Mestres", diz ele em carta a Jacques-Émile Blanche.

Finalmente, aqui e ali, Proust salpicou de Watteau a *Busca*, menos que de Rembrandt ou de Vermeer, porém mais que de Monet e Chardin. Em *O caminho de Guermantes*, o pintor chega até a ser transformado em adjetivo saint-simoniano: "com um ar fino e Watteau".

Quanto ao indiferente, assenta-lhe bom o nome.

Tranqüilo e concentrado, ele alça uma hélice de pétalas cor de rosa ao seu chapeu diáfano, outra ao calçado, assim como as pequenas asas no pétaso e nos calcanhares de Hermes.

Seu olhar impávido observa os que o observam.

Braços em cruz, o equilibrista se "epifaniza" sobre o fio de sua sombra repuxada num matagal espesso, verde e amarelo.

Braços afastados, dedilha as cordas de sua companheira feita harpa, a baetilha. Ela, do seu alaúde de guerra, irradia-o de escarificações musicais estriadas da mesma forma no espaço.

A quem o quer ver bem (Claudel não, Sollers sim), nosso dançarino oferta sua ereção de esguelha.

Sua mão direita sustenta como uma flor a vulva invisível da baetilha, que ele foi colher sob seu manto sangüíneo meio desdobrado, de onde sai a mão.

Ele sorri, uma pérola de vinho no lábio, em seu lento rodopio ao som da *Sarabanda a única* de Couperin, única música possível aqui, com suas ejeculações distintamente cascateadas para o solo, ding, ding-ding, ding-ding, ding ding...

Assim, o indiferente se estica e dança: sarabanda.

Com outras palavras, porque se estica é que pode indiferentemente dançar ou observar. Por dançar, é que pode tão facilmente permanecer indiferente à própria ereção. Por estar de fato alheio é que pode, ao mesmo tempo, esticar-se e dançar, e, é claro, pensar.

A indiferença, "o lúgubre desafio da indiferença" (Bataille), é a configuração sexual por excelência do escritor, o que o coloca entre o *voyeur* e o exibicionista, como o Espírito-Santo entre o Pai, em eclipses, e o Filho, no suplício.

A greta*

Em que pensa o indiferente?

Pensa no sexo que ele é, nessa vulva que porta, pensa na beatilha, na sua greta oculta e, ao mesmo tempo, exibida pela fenda que entreabre o tecido de reflexo nacarado.

Pensa em *A arraia*, de Chardin, de que Proust igualmente tanto gosta, e do qual *O indiferente* de Watteau é claramente a transgressão vertical.

Estuda esse fantasma vermelho e branco, o tecido tinto pelo sangue de não se sabe qual maravilhoso crime, esse pobre sorriso do espectro suspenso e aberto, como um coração que está sendo operado diante de nossos olhos, essa vulva de órgãos dilatados como a bofetada e denteados como o teclado de um órgão de igreja, e que pede apenas para ser tocado, para ser um pouco insuflado pelo indiferente.

---

* Em francês, *raie* pode significar tanto "greta", "fenda", como "arraia". (N.T.)

"Ela está aberta e vós podeis admirar a beleza de sua arquitetura delicada e vasta, tingida de sangue rubro, de nervos azuis e de músculos brancos, como a nave de uma catedral polícroma."

Pensa no *Cristo morto* de Champaigne, naquela chaga em forma de greta que ele ostenta no flanco, de onde goteja um esperma sólido de pérolas de marfim.

Pensa na *Origem do mundo*, de Courbet, pensa na *Crucificação*, de Picasso, na gravura datada de "21 agosto 38", no Cristo masturbado, malaxado, mastigado pela Madalena.

Pensa em Albertine, diz consigo que ela vai embora e pensa em Elstir. Sonha então com o ideal de beleza que o pintor persegue como idéia fixa.

"Assim, não o pudera encarar com distanciamento e dele extrair emoções, até o dia em que o encontrou, realizado exteriormente no corpo de uma mulher, no corpo daquela que em seguida se tornou a sra. Elstir e no qual pudera — como o que só nos é possível com o que não é nossa própria pessoa — julgá-lo meritório, comovente, divino."

O erotismo do casamento

Ambos, Elstir e Albertine, estão primeiro associados a Balbec, onde, aliás, o pintor apresenta a moça ao Narrador.

"Nada me agrada mais do que fazer casamentos", declara Elstir ao doutor Cottard na casa dos Verdurin; "já consegui realizar muitos, até entre mulheres!"

Balbec é a etapa das descobertas visuais — pinturas e partes de sombra —, como o Faubourg o é das descobertas sonoras — música e blablablá.

É igualmente em Balbec que o Narrador se distancia de Gilberte, que trava conhecimento com Saint-Loup e o tio deste, Charlus — é então que experimenta o anti-semitismo e a virilidade ideológica do barão. É no trem para Balbec que lê as *Cartas* da sra. de Sévigné. É em Balbec, sobretudo, que sua heterossexualidade encontra seus atributos e principia suas observações.

Resolutamente, Marcel se enamora de Albertine no decurso de uma partida de *furet*, onde ele encara por muito tempo "a rósea carnação" de suas faces deliciosas.

O *furet* é um jogo que consiste em fazer passar anel de mão em mão, pasticho simbólico do casamento enquanto consagração da heterossexualidade, é claro, mas também, e sobretudo, de algumas descobertas estéticas inestimáveis.

O casamento, como disse, é um dos três métodos simultâneos que Proust elabora — no sentido cartesiano da palavra método —, métodos reveladores pelos quais deve passar a escrita. A Daniel Halévy: "Swann é uma demonstração."

Portanto, a libertinagem, o casamento e o desprendimento não saberiam ser contraditórios, visto que tais métodos são trinitários, encontrando sua unidade consubstancial neste romance-uno que é a *Busca*, unidade que Proust não cessa de reivindicar em sua correspondência. Assim, por exemplo, a libertinagem é o método do colecionador, primeiro o de Swann, depois o do Narrador, passando de uma mulher a outra para escapar ao círculo vicioso da perversão. Se o casamento festeja o erotismo naquilo em que este é a focagem do desejo em um só corpo, a libertinagem, paradoxalmente, não revela tanto a essência do erotismo como a do desejo, isto é, seu equilíbrio móvel.

Sodoma e Gomorra, que principia por uma visão sodomita, termina com a decisão do Narrador de desposar Albertine. Segue-se *A prisioneira*, que claramente consagra a heterossexualidade de Proust, aprisionando essa bonita lésbica imaginária para melhor se furtar ao que Lacan denominou "o efeito da captura homossexualizante sofrida pelo *eu* reconduzido à matriz imaginária da cena primitiva".

A teoria proustiana em si arruína o argumento Agostinelli, aliando o casamento à escrita nesses fragmentos do *Tempo recuperado* em que Proust fustiga a vaidade cega dos amadores, o exibicionismo estéril desses diletantes a quem esplendidamente denomina "celibatários da arte".

"Eles têm os desgostos das virgens e dos indolentes, e que a fecundidade ou o trabalho haveriam de curar."

Abertura do pano

Depois do jogo de *furet*, o Narrador, caminhando, encontra de novo um bosquete de espinheiros, que são comparados a Gilberte, seu primeiro amor, daí em diante substituído pela nova adulação que ele vota a Albertine, como a própria Albertine será mais tarde substituída, ou melhor, deslocada, pela escrita, o que está indicado na carta que Marcel recebe de Gilberte, em Veneza, e que ele toma por uma ressurreição de Albertine por causa de uma assinatura ambígua, como se se tratasse de hebraico.

Todas as futuras explorações sáficas do Narrador se moverão em círculos concêntricos em torno dessa descoberta que Proust faz nas *Moças em flor*, essencial e a-social, da solidão do criador.

Logo, a grande idéia de Proust é a seguinte:

Visto que a literatura é fundamentalmente heterossexual; visto que a sociedade é secretamente homossexual; visto que a inversão masculina é estéril; visto que o coito normal é antes participação no teatro do que observação feita nos bastidores.... somente indo bisbilhotar (o jogo de *furet!**) para os lados de Gomorra é que o *voyeur* espiritual poderá estudar o que a espécie precisamente dissimula.

Em uma palavra, como em mil, as lésbicas são os bastidores do mundo, portanto do mundo da inversão, e é penetrando nelas — visto que a escrita é heterossexual — que o escritor faz jorrar as entranhas do arcano comunitário.

"Sua irmã gosta muito de você", escreve Diderot a Sophie Volland, aludindo ao suave tribadismo que ela mantém com "Uranie", pseudônimo artístico de sua irmã caçula, Marie-Charlotte Legendre. "Fico admirado ao ver como ela se presta ao seu delírio. Não ergamos completamente essa pequena cortina. Já é bastante ter aberto uma fresta."

---

* Existe aqui um trocadilho, intraduzível em português, entre o verbo *fureter* (bisbilhotar) e o jogo de *furet*. (N.T.)

Todo o talento do escritor reside no delicado manuseio do *pas-tout-à-fait**; o que ele deve descobrir não é tanto o sexo, no sentido clássico (o conjunto das mulheres), mas sua dissimulação.

O sexo em si

O sexo em si não informa nada, há milênios nos debruçamos sobre o assunto sem que nele percebamos grande coisa senão nossa própria cegueira. Os mais realistas filmes pornôs, mesmo eles, traem essa cegueira videológica.

O sexo em si rebenta os olhos (Samson), ele paralisa, vê-lo é sentir-se fixo. Ver as vulvas dos desenhos de Rodin, ou então os olhos valvulares das mulheres de Picasso, o que Artaud denomina: "o olho estratificado, igualmente lunar, das mulheres".

Aqui e ali uma mesma lição: o sexo das mulheres é o ponto de enceguecimento do olhar, aquilo que não se saberia contemplar, mas através do que oferta-se ver o mundo.

Se o sexo fascina, isto ocorre pela razão bastante simples de que o homem não reconhece ter surgido desse poço de prazeres no qual desejaria mergulhar, como o indica a maravilhosa Molly, no fim do *Ulisses*: "todos eles são loucos para entrar aí de onde saíram".

O Proust especialista do sexo, aliás, não foi de modo algum Marcel e sim Robert, seu irmão médico, cuja tese versava sobre a *Cirurgia dos órgãos genitais femininos*.

Quanto a Marcel, dedicar-se-á exclusivamente aos órgãos botânicos, à beleza floral do erotismo na raiz de sua metaforização.

Proust não foi tanto acusado de "dissimulação" (palavra que o próprio Blanchot retoma em *O livro que há de vir*) senão porque ousou desvelar aquilo em que precisamente consistia essa dissimulação, à qual é consagrada a enquete do Narrador em *Sodoma*, a fim de descobrir o que lhe esconde Albertine de suas ligações com outras mulheres.

---

* Literalmente, "não inteiramente". (N.T.)

Albertine é, para o Narrador, o que Molly representa para Bloom ou Frieda para K.; é no tinteiro do sexo delas que o romancista mergulha a pena e acha inspiração.

"Eu me dizia que com ela é que faria o meu romance", pensa o Narrador, depois que Albertine rabiscou na folha de um bloco de apontamentos a confissão da traição futura do sexo em seu favor: "Eu te amo muito."

E pouco depois ela, para compensar o beijo recusado, oferece-lhe um significativo lápis de ouro.

Albertine nos bastidores

Albertine exerce sobre o Narrador uma atração irresistível, uma intensa magnetização erótica que se duplica numa curiosidade ávida, um atrativo de tal modo marcado de sedução que, durante algum tempo, o beijo recusado enfraquece toda a curiosidade espiritual de Marcel.

A personalidade de Albertine apaixona Marcel. Logo à primeira vista ele a descreve, nas *Moças em flor*, como uma bela misteriosa que mais encanta do que seduz ativamente; que, convidada em todas as partes, não se recusa a comparecer em lugar nenhum; cuja amabilidade natural se enreda num rosário de mentiras diplomáticas para jamais melindrar alguém, a ponto do Narrador a comparar ao sr. de Norpois, o antigo embaixador, pois os gentis subterfúgios dela se assemelham ao "sistema de fins múltiplos" dele, "o que se chama, em linguagem teatral, contraparte".

Os bastidores são a um tempo os do teatro lésbico e os da Bolsa de Valores, porquanto Albertine é regularmente convidada à casa de um grande financista "diretor do Banco da França".

Bastidores do sexo e do dinheiro, ainda em Sait-Simon, quando este narra o casamento do conde d'Ayen com a srta. d'Aubigné. "O Rei os viu no leito, nas núpcias; ele próprio correu as cortinas e, como despedida, lhes disse que daria a cada um oito mil libras de pensão."

Assim como Albertine, no centro do saber e do poder, joga em dois tabuleiros, da mesma forma o "contrapartista", na Bolsa, trai o seu cliente em vez de cumprir suas ordens.

Diamantes falsos

A comparação de Albertine com o marquês de Norpois também não é anódina quanto ao estilo.

Norpois é o avatar teatral de Sainte-Beuve. Proust coloca nos lábios do velho embaixador palavras extraídas do seu pastiche do crítico, quando discute com Bloch acerca do Caso Dreyfus, permanecendo de tal modo ambivalente (como Sainte-Beuve em relação a Baudelaire) que o rapaz não chega a adivinhar se ele é pró ou contra.

O pastiche não é, para Proust, um gênero literário, mas, ao contrário, a antiliteratura em si; o mimetismo produz arte menor. Conseqüentemente, não lhe custa nada misturar em seus excelentes pastiches, sobre os quais todos são unânimes no êxtase (Aragon, que odiava Proust: "A seguir, quando Marcel Proust pasticha Marcel Proust, a gente se maravilha por encontrar tão pouca genialidade em quem mostrou tais talentos"), Flaubert e Renan, Balzac e Régnier, Saint-Simon e Sainte-Beuve.

O tema comum dos pastiches de Proust é o Caso Lemoine, escroque que, em 1909, vendeu a um ingênuo banqueiro o segredo alquímico da fabricação do diamante. Ora, a literatura, a verdadeira, cria legítimos diamantes, sem subterfúgio nem imitação. Ela própria é inimitável. Merece de fato o seu nome. A Reynaldo Hahn: "A estas horas, meu espírito sutil, que o balanço do navio acaricia, viaja entre as minas de ouro da Austrália e a estrada de ferro do Tanganica, e se há de assentar sobre alguma mina de ouro que, espero, merecerá verdadeiramente o seu nome."

Na economia própria da escrita da *Busca*, o pastiche tem uma dupla função, médica e monoteísta. Trata-se de um "caso de higiene", uma purgação, diz Proust, "do vício natural de idolatria e de imitação", "para tornar a baixar até não ser mais que Marcel Proust quando escrevo meus romances".

Assim, a cena de Montjouvain não passa de um pasticho da ejaculação, como os pastichos aos quais o próprio Proust se aplica, não para aprender a escrever mas, ao contrário, para desaprender o que vitrifica os outros, a inversão comunitária.

Sexualmente, o pasticho corresponde à face impotente e enfadonha do lesbianismo, a revelada pela cena de sadismo entre as duas tristes tríbades banais de Montjouvain, reduzida a um pasticho do pasticho de ejaculação, sendo que o projeto de escarrar sobre uma fotografia nem mesmo chega a realizar-se, mantendo-se na teatralização ritual da perversão.

Conclusão da cena: "É quase só o sadismo que dá um fundamento, na vida, à estética do melodrama."

A traição pelo riso

A porção gomorriana de *Sodoma e Gomorra* expõe o teatro histérico das tríbades, quando a irmã de Bloch e sua amiga se entregam em espetáculo no Grande Hotel de Balbec.

A perspectiva já não é mais aquela, melancólica e mimética, do talude de Montjouvain; mais diretamente exibicionista, dá em contraste uma força complementar à estratégia dissimuladora de Albertine.

"O serem vistas parecia-lhes acrescentar alguma perversidade a seu prazer; desejavam que os olhares de todos se banhassem em seus perigosos embates."

As atrizes lésbicas lançam o espetáculo de seu gozo fechado e inacessível como um desafio à curiosidade heterossexual do Narrador, que só penetrará no seu círculo floral graças à traição involuntária de Albertine.

Como Sodoma estende a inversão a todo o aparato das sexualidades, a primeira lição de Gomorra é que o teatro sexual é um mistério que só contempla as mulheres. Por conseqüência, só um homem seriamente heterossexual, ou seja, resolutamente decidido a salvar-se a um tempo da morte e da mãe, poderá começar a desejar explorá-lo.

Os famosos vestidos de Fortuny participam do teatro e, de novo, do dinheiro (por seu nome e por seu luxo). Não são decorados de um motivo, mas por um cenário, ele mesmo invisível, potencial, o cenário universal pelo qual toda mulher — dogaresa ou ogra — passa e evolui, um cenário que permanece "por imaginar", escreve Proust, e que não é outro senão o tempo em si. As mulheres se envolvem na trama do tempo, mesclado do antigo e do novo, sendo os vestidos singulares classificados como "fielmente antigos mas poderosamente originais".

Marcel se posiciona face a Albertine como terceiro entre as moças, e é um acesso de riso que lhe revela os bastidores do teatro das tríbades (note-se que a palavra "tríbade" provém de *tribein*, que significa "esfregar"). "E esse riso recordava logo as carnações róseas, as paredes perfumadas contra as quais parecia que ele vinha esfregar-se e de onde, acre, sensual e revelador como um cheiro de gerânio, parecia transportar consigo algumas partículas quase ponderáveis, irritantes e secretas."

A traição de Albertine é involuntária, é uma falta de alegria que evidentemente se distingue do medíocre pasticho que se desenrolava em Montjouvain, bem como dos embates retumbantes da srta. Bloch e de sua amiga no Grande Hotel de Balbec.

O riso de Albertine, assim, deixa despontar o aspecto até aqui ignorado do lesbianismo, não mais a face histérica ou sombria do safismo e sim a alegria odorífera do cara-a-cara que jorra da agitação valsada das tríbades. "Soava como os primeiros ou os últimos acordes de uma festa desconhecida."

Portanto, não há só uma, porem duas subespécies de lesbianismo, e Sollers conclui judiciosamente na *Teoria das exceções*: "Um romancista é alguém que viu, ao menos duas vezes, algo que não deveria ver, e do qual triunfa."

Proust a Walter Berry, em 1921: "Os olhos clarividentes furam as paredes."

Comunicação telefônica

Um romancista é também uma pessoa que ouviu pelo menos duas vezes o que não deveria ouvir, e que lhe escapa.

Quando da primeira conversação telefônica do Narrador, em Doncières, o aparelho mágico está como que em comunicação direta com a morte da avó, que ele antecipa. Mas porque tal antecipação é mais sofrida que descoberta e transposta, o dispositivo serve menos para ouvir que para ser ouvido, espreitado pelas "sacerdotisas do Invisível", as senhoritas do telefone, a cuja grosseira presença não se saberia escapar e às quais Proust aplica todo o tipo fatal de invocações hieráticas, "Virgens vigilantes", "Anjos guardiães", "Todo-poderosas", "Danaides" e "Fúrias".

Separado de sua avó, bem se pode dizer de sua mãe transfundida pelo tempo, o Narrador está à mercê da escuta e do silêncio das mulheres que decidem, na sombra, a sua sorte.

Mas ao penetrar na inversão de Albertine pelo miraculoso desatar de seu riso, a ligação auditiva entre Marcel e as mulheres literalmente se inverte, e o próprio tempo sofre uma invaginação cujo alcance não é outro senão uma escapada em definitivo para fora do domínio da morte.

E quando, em comunicação com Albertine, outras vozes se mesclarem à da jovem, o telefone se tornará o estetoscópio dos coros lésbicos, revelando como as tríbades são permutáveis, intercambiáveis, conversíveis, "cada uma era naturalmente a substituta da outra".

Como se, escutando uma mulher, fosse possível entrar em comunicação com todas as outras, menos de fato por sua intermutabilidade que por uma espécie de ricochete ondulatório, como no jogo de damas de que Proust gostava tanto, e do qual todos os leitores de Poe conhecem a superioridade matemática sobre o jogo de xadrez.

Com Albertine, a escuta e a fatalidade já não constituem a prefiguração de um acordo possível com o mundo da morte, mas, ao contrário, a possibilidade de um retorno para fora desse inferno, a reverberação temporal, a redenção cardíaca das "intermitências do coração", que é preciso sofrer, sem antecipá-la, para tornar o romance viável para sempre.

Comparando a morte de seus sentimentos por Gilberte, outrora tão vivos, à dependência na qual se acha frente a Albertine, o Narrador constata: "Ficaríamos para sempre curados do romanesco, se quiséssemos, para pensar naquela a quem amamos, tentar ser aquele que seremos quando não mais a amarmos."

Não se trataria de curar do romanesco no caso de alguém que deseja ardentemente escrever um romance.

Pois a personagem de Albertine, lembremo-nos, evolui em torno desse desejo irreprimível de inventar seu romance, que acabará resultando no *Tempo recuperado* a despeito de todos os desânimos anteriores do Narrador, não de Proust.

O triplo método da escrita (libertinagem, casamento e desprendimento) encarna-se às maravilhas em Albertine, primeiro indiferenciada entre um borboleteio de jovens beldades, depois singularmente erotizada, prisioneira de sua própria ação (o rapaz se queixa da escravidão, que é, para ele próprio, a sua ligação com a jovem), por fim desaparecida, abandonada em sua morte pela indiferença progressiva, mas resoluta, do Narrador.

O romance pode então reencontrar o seu tempo, sua temporalidade aleatória, involuntária e indomável, a dimensão cambaia da vida veneziana, que faz descarrilar o ramerrão cotidiano, que recorta a estacionária superfície circular da teatralidade comunitária, e escapa à morte por um milagre da ficção, uma insurreição perpétua que tem outro nome: ressurreição.

IV
RESSURREIÇÃO

"Mantém firme a tua coroa."
Caderno de 1908

Balbec lá adiante

Verifica-se, em definitivo, que Balbec foi o centro do teatro e das tribulações das tríbades, o que leva o Narrador, em *A fugitiva*, a constatar, numa fórmula brilhante que também exprime como a cidade balneária é a anti-Veneza do romance: "O inferno era toda essa Balbec..."

Comparando a sala de jantar do hotel de Balbec a um aquário gigantesco, cujos fregueses, molemente agitados "nos remoinhos de ouro", seriam as horríveis lagostas de pinças, os moluscos pré-históricos, as repugnantes enguias que os miseráveis contemplam de fora com inveja, prontos para se engolfarem no antro líquido, luxuoso, cruel, friamente irisado de cintilações elétricas, para devorar os devoradores por sua vez, Proust imagina, entre a multidão de basbaques, um escritor, "algum amador de ictiologia humana", que, "observando as mandíbulas de velhos monstros femininos se fecharem sobre um pedaço de alimento engolido", chegaria à mesma conclusão que Rimbaud, a saber, que o inferno é "o inferno das mulheres, lá adiante", um inferno, portanto, aonde é preferível não cair mas que se pode ter visto. Em matéria de inferno, uma temporada basta.

Assim, as mulheres não passam de uma temporada — deliciosamente infernal, é certo — a caminho do paraíso. O que não significa que os homossexuais não gostem das mulheres (pelo contrário); apenas não as penetram. Isto, em compensação, explica por que as mulheres se mostram tão à vontade na companhia dos homossexuais: só as perturba quem as adivinha, o que, é claro, não está ao alcance do que aparece primeiro (sempre por demais apropriado).

A literatura é radicalmente heterossexual por se tratar de uma descida ao paraíso, experiência dantesca da travessia do inferno, experiência homérica da viagem de ida e volta de Ulisses ao fim da "noite de morte" onde vivem os cimérios, o que Borges resume numa frase de uma conferência sobre Dante, sustentando que Dante e Ulisses são o mesmo homem. Bem se pode dizer o mesmo de Homero e Proust.

"Logo que, desde esse prolongado torpor — escreve ele a Bibesco —, voltei o meu olhar para o interior pela primeira vez, para o meu pensamento, sinto o nada inteiro da minha vida, cem personagens de romance, mil idéias me pedem que lhes dê um corpo, como aquelas sombras que, na *Odisséia*, pedem a Ulisses que as faça beber um pouco de sangue para regressarem à vida e que o herói afasta com sua espada."

Essa viagem ao inferno, essa distribuição dos mortos "em funções" ("Nós, os vivos, somos apenas mortos que ainda não entraram em função"), é mesmo a chave definitiva da escrita.

A morte e a mãe

A mãe é uma figura privilegiada do inferno das mulheres que é indispensável interrogar, a exemplo de Ulisses. Ela detém a chave que franqueia o que Goethe chamava "a porta das Mães", essa chave que Breuer, como lembrava Freud a Stefan Zweig, deixara cair, fracassando na análise de Bertha Pappenheim.

Ora, Anticléia — mãe de Ulisses — significa "chave falsa", o que indica bastante que seu discurso espontâneo, livre desde que Ulisses a interroga, não saberia ser perfeitamente cúmplice.

O reverso da inversão, sua conversão em "diante-da-mulher" e a penetração no teatro das tríbades ocorrem ao mesmo tempo que um acontecimento de extrema importância na vida do Narrador: a morte de sua avó.

A morte é o primeiro sinal doloroso (e a princípio negado) de um possível desprendimento dos homens em relação às mulheres. A morte é a inimiga do romancista, que dela triunfa pelo que Proust denomina "adoração perpétua", fórmula de grande força teológica, bem melhor que a da "imortalidade", a mesma que adquirem os acadêmicos por ocasião de "cerimônias perturbadoras e irrisórias, essas sacrílegas missas negras — e verdes — da arte" (carta a Henri de Régnier).

A morte, pela única graça de indiferença evolutiva que o Narrador experimenta o seu respeito, é desviada de sua obra intemporal. "Eu gostaria de fazer constatar ao céticos que a morte é verdadeiramente uma doença da qual se regressa."

Morta sua avó, e decalcando-se sua mãe, daí em diante, de modo incoercível na velha, à medida que o tempo (personagem central da *Busca*) a vai levando, Marcel — como Ulisses depois que sua mãe opõe sua desencarnação ao seu desejo mórbido — vai poder fugir do inferno cavalgando seu próprio Leviatempo.

A máxima da mãe de Stephen em *Ulisses* ("Todos devem passar por isso, Stephen. *Mais mulheres que homens no mundo. Você também. O tempo virá.*"), essa lei do grande número do inferno das mulheres é de uma lógica perfeita. Visto que todas as mulheres são mulheres e que a imensa maioria dos homens são homens-fêmeas, a principal tarefa temporal da morte consiste em tornar a engolir os últimos raros machos impenitentes na direção deste sexo que eles jamais deveriam ter deixado ao nascer, nem fornicando, nem escrevendo.

"Você também. O tempo virá." A morte é uma máquina de transformar os homens em mulheres.

Sésamo musical

Perséfone em Homero, gramofone em Joyce, pianola em Céline, página sinfônica de Vinteuil, últimos quartetos de Beethoven, pequena sineta de Swann ou riso de Albertine em Proust, toda revelação é sempre, no começo, auditiva.

Quando o Narrador sabe, pela própria boca de Albertine, de sua ligação com a srta. Vinteuil e sua amiga, compara de imediato essa confissão simulada — visto que Albertine não diz tudo, e que se trata de ouvir, debaixo do que se diz, o silêncio que se evapora — à invenção do telefone, com isto significando que ela por fim vem lhe abrir os ouvidos.

Ora, ao mesmo tempo que a verdade o importuna, essa "visão do Saber, funesta e destinada a ser dolorosa" causa-lhe uma sensação de orgulho, uma alegria estranha, como a de um homem a quem um choque tivesse impulsionado acima de si mesmo e dos outros, a uma altitude em que, de si, "nenhum esforço o teria podido alçar".

Se se lembram que, em Proust, a escrita é a um tempo uma invenção vertical, como a do aeroplano, e auditiva, como a do telefone, não mais se espantarão que o tribadismo revelado de Albertine seja associado à imagem de um telefone-aeroplano.

"Albertine, amiga da srta. Vinteuil e de sua amiga, praticamente profissional do safismo, era, junto daquela que eu havia imaginado nas maiores dúvidas, o que é, para o pequeno aparelho acústico da Exposição de 1889, do qual mal se esperava que pudesse transmitir de uma casa a outra, o telefone que plana sobre as ruas, as cidades, os campos e os mares, tornando a unir os países."

E mais adiante: "Porém as palavras: 'Esta amiga é a srta. Vinteuil' tinham sido o Sésamo que eu teria sido incapaz de achar por mim mesmo, e que fizera Albertine entrar nas profundezas de meu coração dilacerado."

Para penetrar no segredo materno, depois de ter visto a inversão comunitária, Marcel deve possuir Albertine (em todos os sentidos do termo), deve injetar Albertine em si (a fingida feita fêmea) com "picadas intravenosas de amor", a fim de se deixar instruir na arte da dissimulação, possuindo previamente a da observação, o que um escritor aprende desde a mais tenra idade no fundo de sua biblioteca.

E quando enfim adquiriu, à perfeição, a ciência bífida da dissimulação observadora, pôde pôr-se a trabalhar em sua obra-prima de reminiscências temporais, ao passo que Albertine, à medida que regressa para as mulheres e mergulha na morte, se revela mais inteligente, mais cultivada, mais refletida, pode-se dizer, menos espontaneamente literária.

"Mas agora que eu estava sozinho, as palavras ressoavam de novo, como esses ruídos internos do ouvido que a gente ouve quando alguém cessa de nos falar."

Beijos da mentira

Por que motivo o ouvido é literariamente superior à vista ("Como é enganador o sentido da vista!" exclama o Narrador)? Pela razão de que está em concordância com o desejo.

O ouvido é o verdadeiro sentido erótico, aquele graças ao qual o Narrador saboreia os beijos de Albertine, "pois, para o beijo, nossas narinas e nossos olhos são tão mal colocados como nossos lábios, malfeitos". Com toda a lógica, as palavras que ele pronuncia se derretem como beijos ("Albertine era dotada de uma pronúncia tão carnal e tão doce que, apenas ao falar, parecia estar beijando") e seus próprios beijos ressoam ternamente como ecos de uma mentira.

Que espécie de mentira? A mentira das mentiras, uma mentira tão verossímil que ultrapassa a verdade, abre as perspectivas, faz eco à substância volátil e versátil do espetáculo, ilumina mil universos até então inexplorados.

Essa "mentira perfeita", diz explicitamente Proust em *A prisioneira,* cria em quem estiver disposto a detectar sua ondulação sonora uma milagrosa ladainha de sentidos novos, adormecidos até agora, graças aos quais lhe é dado escutar o invisível.

E para pontuar a admiração que lhe inspiram as narrativas de uma moça em flor que, "do ponto de vista da fábula", supera as desajeitadas patranhas de Albertine, o Narrador conclui: "Era a minha verdadeira percepção."

Beijando Albertine, Marcel revivifica assim a sua curiosidade acerca do umbigo da traição, toma aulas de segredo junto com a mentira, a traição lhe ensina a arte do logro, e a enquete que empreende após a morte de Albertine inicia-o nesta ciência tão particular, tão fluida, da guerra ("Não é mais caduca do que a *Ilíada*", afirma Saint-Loup em Doncières), ou seja, a verdadeira arte da ficção.

Visão do desejo

A vista? Ela serve de magnetização para as lésbicas, "o olhar de uma, logo compreendido pela outra, aproxima as duas esfomeadas"; o menor espelho pode se tornar um semáforo, e o heterossexual curioso queda-se lastimosamente entre as armadilhas cruzadas dos olhares.

A audição? As mentiras das moças em flor são tão diversificadas como elas, encaixam-se umas nas outras de forma que "o pequeno grupo" assim permanece impenetrável... como uma casa editora! escreve Proust com ironia consumada (e pode-se imaginar a careta mental de Gide) — onde o diretor da revista, seu associado, o secretário de redação, e o redator-chefe mentem com tanto maior insolência quanto afirmam diferenciar-se dos outros comerciantes por sua sinceridade.

Porém o ouvido, associado à visão do corpo que é o desejo ("Aquilo que fisicamente é feito para se unir, une-se sem vacilação maior que o fósforo e o enxofre quando riscamos um fósforo"), está em condições de desmanchar a ronda das tríbades, isolando-as uma a uma, desviando a mentira de seu alvo, decodificando o sinal do radar, exercendo a captação da verdade através de uma derivação auditiva, "sendo a verdade antes uma corrente que parte do que nos é dito, e que captamos, por mais invisível que seja, do que a própria coisa que nos foi dita".

Proust aí chegou à mesma conclusão que Homero, Kafka e Joyce, a saber, que não é questionando a mentira que podemos fazê-la restituir a verdade, e sim possuindo-a. A conversação, essa, aniquila o desejo, "suprime as mulheres", que desde aí não são mais que "perguntas e respostas". Mas que o desejo brote e o ouvido recupere seus direitos, "o ouvido um tanto musical sente que não é isso, como no caso de um verso falho"; a música em movimento atravessa os corpos, o desejo reencontrado revela as almas.

Proust penetrou no segredo da surdez teatral, ergueu o véu da cortina lésbica e fez a descoberta genial que desde então haveria de guiar sua pena, sem esmorecimentos, de "Durante muito tempo" a "no Tempo", a descoberta que salta ao ouvido embotado do futuro escritor, desperta-o alegremente para livrá-lo da ensurdecedora cegueira social, salvando-o do inferno das mulheres.

As mães profanadas

"O vício, selo e abertura do rosto", anota Proust no *Caderno de 1908*. Versículo sibilino que indica como a inversão encobre e revela ao mesmo tempo. É uma carta roubada que só se decifra do lado exterior, desde esse "vício interior" que é escrita, atravessando as mulheres cuja verdade sai sempre, de bom grado ou à força, da boca das mamães.

"O rosto materno sob um neto devasso", anota ainda Proust no seu caderno. É um tema recorrente, desde *Os prazeres* até *Contra Sainte-Beuve*, a idéia de que carregamos nossa mãe dentro de nós, que a morte nos transforma falsamente em nossa mãe, como a mãe do Narrador se torna a avó deste, naturalmente e por acréscimo de idolatria.

Ora, a devassidão é uma profanação dessa mãe em si, a dissolução dos costumes (no sentido do vício interior) dissolve esse decalque de mulher que nos arrasta para a morte emprestando-nos os seus traços. "Pois é com a linha tão bela do nariz de sua mãe que seu nariz é feito, pois é com o sorriso de sua mãe que ele excita as mocinhas à devassidão, pois é com o movimento de sobrancelhas da mãe, para olhar com a maior ternura, que ele mente."

É preciso reler e meditar essas passagens dos Evangelhos em que o Cristo repele a mãe ("Quem é minha mãe?"), ou até se livra dela sem cerimônia, na cruz, para os braços de são João, sob a forma da transmissão assumida de um saber.

"Jesus, vendo a mãe e, junto dela, o discípulo amado, disse à mãe: Mulher, eis aí o teu filho. E depois ao discípulo: Eis a tua mãe. E desde então o discípulo a tomou para si."

A ressurreição romanesca procede pelo experiente auditivo de uma insurreição contra a mãe para lhe furtar o seu segredo, o qual não é um saber e sim, no sentido financeiro do termo, um ter, um flutuante prazer sáfico reprimido que, por si própria, ela apenas aspira a confiar à filha.

Escrever consiste em se desembaraçar da mãe, violando-a, quero dizer, violentando sua vontade de associar-se ao filho, de transmudar seu filho em filha. Essa violação do segredo não é uma perversão, é uma ciência cuja iniciação passa por sua própria mãe, uma "mitridatização" exercida para se preservar do gosto dessa mãe que aprecia Baudelaire "só pela metade", no *Sainte-Beuve,* e que, na *Busca,* se revolta contra a crueza das incandescentes *Mil e uma noites* de Mardrus, às quais mil e uma vezes preferiria as do casto Galland.

Trair a língua

Mais ainda que a amizade ou a sexualidade, o ponto crucial da crença é a língua. Como escreve que não há vida fora da literatura, Proust sustenta que não existe língua fora daquela incomunicável, inconversível, inegociável, incrível da escrita.

Na longa carta acerca do estilo, que ele envia à sra. Straus em 6 de novembro de 1908, quando repõe em causa as estúpidas metáforas de Louis Ganderax ("O dogma gramatical o retém em suas cadeias", escreve Proust), o diretor da *Revue de Paris* que regularmente recusou seus textos ("Infelizmente os mais belos versos de Racine: *Eu te amava, inconstante, quem me dera torná-lo fiel! Por que assassiná-lo? Quem o fez? A título de quê? Quem te disse?* jamais teriam aparecido, mesmo em nossos dias, na *Revue de Paris*"), Proust expõe uma espantosa teoria pré-joyciana ("Mandei a linguagem dormir", Joyce) e pré-celineana ("a linguagem falada está lá fora, a linguagem escrita está dentro, eu a ponho para fora", Céline):

"As únicas pessoas que defendem a língua francesa (como o Exército durante o Caso Dreyfus) são as que a 'atacam'. Esta idéia de que existe uma língua francesa fora dos escritores, e que se protege, é estranha. Cada escritor está obrigado a criar sua própria língua, como cada violinista está obrigado a fazer seu próprio som."

E Proust está obrigado a terminar sua carta com uma frase que exprime vigorosamente a sua impiedade linguageira: "Em nome do céu, nenhuma palavra de tudo isto ao sr. Ganderax. Em nome do céu... no qual, infelizmente, nenhum de nós acredita."

"Como o Exército durante o Caso Dreyfus." Em 1904, portanto dois anos antes da reabilitação plena de Dreyfus, acha-se entre as últimas cartas de Proust a sua mãe a fórmula recorrente escrita em alemão: *wird später gesagt*, "falaremos nisso mais tarde".

Assim, Proust se coloca na posição dreyfusiana de trair a mãe-pátria com a mãe real, de subverter, numa palavra, a língua materna lançando-a contra si mesma.

É com a língua que se pode subverter a língua, porquanto seria loucura pretender contrariar essa mãe liberal negando-a por completo (o que equivaleria a tornar-se ela própria, pois ela não pede outra coisa), assim como seria imprudente refutar em bloco o seu meio mau gosto, e a expressão de que ela só gosta de Baudelaire "pela metade" é, sob esse aspecto, um maravilhoso achado.

Fazer a mãe rir

Portanto, é aqui que entra em jogo, fisiologicamente, Albertine, a bela flor do macho, a prosa proustiana tornada lésbica ("Única, é o que julgamos? ela é inumerável"), cúmplice do escritor contra a sua vontade, um pouco no sentido em que *Lolita* era para Nabokov "o fruto de meus amores com a língua inglesa".

Já em *Jean Santeuil*, a cena que mais tarde se transformará na do talude de Montjouvain, experiência original da observação dissimulada das lésbicas, consiste em se esconder para observar não o sadismo falsamente profanador das duas jovens, mas o surgimento prazeroso da inspiração do grande escritor C.

Não convém esquecer que a experiência primordial que associa, perpendicularmente, a mãe do Narrador a Albertine é um beijo recusado. Ora, os adjetivos de que se utiliza Proust para qualificar os beijos mais tarde concedidos pela moça lhe designam claramente a tarefa literária de profanação da língua materna: "eu sentia, em meus lábios que ela procurava separar, a sua língua, sua língua maternal, incomestível, nutritiva e santa."

Do mesmo modo, o *voyeurismo* das lésbicas de Montjouvain era, numa primeira forma, o de Jean e seu amigo objetivando furtar os segredos da escrita, assim como o tema das peças judaicas de Racine, na *Busca*, representa sua inexorável atração centrífuga em direção à morte, na morte.

É preciso violar esse mau gosto materno, arrancar a verdade à mentira, fazer gozar a língua-mãe à sua revelia (fazer a mãe alegrar-se quando percebe que ele volta a ser homossexual), roubar-lhe o que ele sabe sem perceber, furtar seu judaísmo à sua assimilação, fazê-la dizer o que ela diz sem dizê-lo.

Em uma palavra, é preciso fazê-la rir.

Bem no fim de *Sodoma e Gomorra*, a velha mãe de Marcel é comparada a uma outra mãe. Esse duplo literário da mãe real, a caminho de sua própria mãe e da morte amarga, é ela mesma rejuvenescida e risonha, como a prazerosa Albertine, graças à qual ele por fim conseguirá fazer seu romance.

Irmãs siamesas

A metamorfose da mãe na própria mãe dela, após a morte desta, consiste em inserir-se no seu corpo, nos seus hábitos, em retomar seus costumes de linguagem e, sobretudo, em impregnar-se de suas leituras.

A sra. de Sévigné torna-se, assim, o autor favorito da mãe de Marcel, e a principal arma de sua propaganda delicada contra Albertine.

Antes de citar a marquesa, a mãe, quando Marcel lhe pergunta o que pensa de Albertine, pronuncia esta frase terrível e bem clara quanto à posição ambígua da moça no tabuleiro de damas global: "Atualmente não posso te dizer o que acho de Albertine, simplesmente não acho nada."

Albertine contraria o processo mortuário de transmutação de homens em mulheres — de filhos em filhas — porque permanece inalcançável.

Albertine é uma substância instável, sua gargalhada a torna perigosamente escorregadia, arrisca-se a todo instante a provocar a hemorragia da trama lésbica, a quebrar a cadeia de transmissão mãe-filha, a parasitar o entesouramento vigiado do capital, a revelar os segredos da autarcia feminina. A sra. de Sévigné a sua filha: "Tu és para mim todas as coisas, e eu apenas me dediquei a proceder de tal modo que ninguém perceba a que ponto isto é verdade."

Ora, o motivo dessa deserção potencial de Albertine é muito simples: ela mesma não possui, estranhamente, mãe notória.

Nada de sra. Simonet, cujo *slogan* natural seria "Por aqui, o dinheiro!", e sim uma tia, a sra. Bontemps, cujo nome indica bem o programa de regozijos para o qual Marcel se prepara, e que repugna a sua mãe.

Albertine não pode unir-se à sua mãe, e o faz do melhor modo possível à sua tia, à face sororal da maternidade, o que constitui uma perigosa via secundária para a outorga dos bens lesbianos. Diderot e Casanova testemunham acerca do potencial de subversão que representam duas irmãs que um homem, suficientemente hábil, consegue, unicamente pela sua intromissão, fazer que gozem ambas contra a mãe, como dois bornes metálicos entre os quais uma corrente elétrica faz jorrar subitamente um arco crepitante e luminoso, uma gargalhada.

A Georges de Lauris escreve Proust em dezembro de 1908: "Saiba que quando prenderam Chateaubriand em 18..., encontraram-no deitado entre duas mulheres; é preciso que a carne seja fraca para que, doente como tenho estado e estou ainda, possa pensar nisso com prazer."

Ainda que toda mulher seja para si mesma sua própria mãe, Albertine, por sua configuração de família, tão particular, é para si mesma a própria irmã. O narrador, aderindo a seu sono, põe-se então a pensar nas duas siamesas do circo Barnum.

"A rigor, compreende-se que as cartas que alguém lhe escreve sejam mais ou menos parecidas entre si, desenhando uma imagem bastante diversa da pessoa que se conhece, de modo a constituírem uma nova personalidade. Porém, é mais estranho ainda que uma mulher seja ligada, como Rosita a Doodica, a outra, cuja beleza diferente faz inferir um outro caráter, e que para ver uma seja preciso colocar-se de perfil, e para ver a outra, de frente."

Dueto fiduciário

É fácil imaginar o pasmo de Marcel, no trem que o conduz a Balbec com a avó, ao descobrir as *Cartas* da sra. de Sévigné, quer dizer, as permanentes convocações à correspondência que ela envia à filha.

A sra. de Sévigné envolve a filha num casulo de cartas que incansavelmente segrega, tomando o inimigo comum de ambas em seus traços para oferecê-lo como pasto a essa filha a quem ama como a um amante.

O inimigo comum de ambas são os homens, filhos e maridos; os primeiros porque, grotescos, não saberiam fecundar convenientemente suas mães (de onde a cumplicidade galhofeira que nasce entre as duas mulheres, na narrativa dos infortúnios eróticos de Charles), os segundos porque, pelo contrário, engravidando as filhas, as desfiguram e tornam enfermas as mães.

"Se te comportas bem, estás doente, mas se estás doente, vais te comportar bem. Desejo, minha filha, que estejas doente, para que tenhas saúde ao menos por algum tempo."

Decifrando: se não tens regras, estás grávida, mas se as tens não estás; portanto, espero que estejas regrada para que eu tenha saúde.

Como não corresponderia favoravelmente a filha ao amor doentiamente regular da mãe, quando esta não pensa em outra coisa que não a filha e que, conseqüentemente, sem esse incessante pensar materno, a filha seria menos que nada?

"Estou louca, não existe nada mais verdadeiro, mas és obrigada a amar a minha loucura; não compreendo como se pode pensar tanto numa pessoa. Alguma vez terei pensado em tudo? Não, só quando não pensar mais."

Quando sua mãe quer afastar Marcel de Albertine, apresenta a censura por meio da despesa extravagante, censura imediatamente suspensa por uma citação da sra. de Sévigné relativa a Charles. "Já estou bastante atormentada pelo fato de que, como Charles de Sévigné, não sabes o que queres, e de que és 'dois ou três homens ao mesmo tempo', mas ao menos procura não ser como ele quanto aos gastos e que eu não possa dizer de ti: 'Ele achou a maneira de gastar sem parecê-lo, de perder sem jogar e de pagar sem ficar quite'."

A primeira lição que Proust extrai da leitura da sra. de Sévigné se refere, portanto, ao dinheiro, ao entesouramento materno dos haveres lésbicos, à cumplicidade econômica natural existente entre duas mulheres ("Eu que ponho em primeiro plano o comércio que tenho com você"), dueto fiduciário cujo objetivo reivindicado é a unificação do macho múltiplo, libertino e pródigo.

O homem-filha

Na *Primeira aparição,* Proust assinala o destino econômico da pulsão homossexual e compara a inversão à gestão de uma conta bancária em que os desejos seriam movimentados "por transferência": "Como num orçamento, sem mudar coisa alguma do total, certas despesas são transferidas para outro exercício."

O filho de heterossexualidade impudente põe desde então em perigo, por seu gozo infrene, a permanente capitalização da bolsa de valores maternos. E se Proust se preocupava de modo tão caprichoso com suas ações, se distribuía gorjetas gigantescas a todo mundo, se anunciava com tanta leviandade a sua ruína definitiva aos correspondentes grandemente incrédulos, é que ele próprio experimentava, na realidade, uma "imensa despreocupação pelo dinheiro e que me faz considerar o vil metal como as mais insignificante das coisas".

Charles de Sévigné, quando acabou por voltar ao regaço da mãe, porque seu desejo se estiola e sua própria devassidão o deixa enfastiado, torna-se digno de sermões, refletido, bom cristão, "entra em meus sentimentos", escreve a sra. de Sevigné. Entenda-se: reinvestiu-se em nosso comércio, reintegrou-se no mercado, tornou-se "amoedável". "Digo-te que vale o seu peso em ouro."

O filho ideal da *Busca*, no que se refere a esse equilíbrio da Bolsa, evidentemente é Charlus, o homem-fêmea que se torna a digna filha de uma mãe à qual ele se substitui, ao envelhecer. O pederasta viril e delicado que, em Balbec, fustigava as "relações banais que o jovem Sévigné possuía com as amantes" (referência descortês à "profusão de mamilos e de beijos" da Champmeslé e de Ninon), às quais ele preferia o amor raciniano entre uma mãe e uma filha, surge mais tarde em sonhos ao Narrador. Logicamente, está com cento e dez anos — visto que ele próprio se acrescentou à mãe —, e insulta a mãe postiça, sra. de Verdurin, por causa de uma considerável despesa na compra de flores: "Ela comprara um buquê de violetas por cinco bilhões de francos."

O efeito mãe

No trem para Balbec, o Narrador, descobrindo as *Cartas* da sra. de Sévigné, pensa em Dostoievski, na forma idêntica com que o escritor russo e a marquesa invertem a ordem lógica, apresentando as coisas pelos seus efeitos ("a ilusão que nos impressiona", explicará a seguir a Albertine), antes de abordar as suas causas.

Infundindo-se em sua filha, a mãe torna-se a própria filha, a qual se acha expulsa devido a essa transfusão, arruinada e como que difundida na própria mãe. Essa lógica de devoração especular aparece bastante no amor da sra. de Sévigné pela filha, da filha que ela conserva junto a si: "É uma coisa ridícula a ternurinha que sinto já por essa menina."

Não podemos deixar de pensar imediatamente no fruto abençoado das entranhas da Virgem, cujo efeito mãe é uma transposição negativa, sendo toda inversão espontaneamente antiteológica (Jupien ao Narrador, antes que este deixe o seu bordel: "quanto aos lírios, se é isso o que o senhor deseja, aconselho-o a ir procurá-los em outro lugar").

Resumamos:

Aqui, a involução mórbida do efeito mãe, a devoração da morte na vida para recordar aos homens como são efêmeros, destinados pela morte a se tornarem mulheres. "Ela me citou sra. de Sévigné, como se essas três cartas tivessem sido endereçadas não por ela a mim, mas pela minha avó a ela."

Ali, a encarnação da causa pai em um filho insuflado na vida para preservá-lo da morte e tocar a ária angélica de toda ressurreição. "O Pai misericordioso quis que a Encarnação fosse precedida por uma citação por parte dessa Mãe predestinada, de modo que, tendo uma mulher contribuído para a obra da morte, da mesma forma uma mulher também contribuísse para a vida" (*Lumen Gentium*).

De súbito, Proust, para deixar bem clara a diferença entre a adoração perpétua e a devoração contínua, não hesita diante de nenhuma distorção talmúdica da bela marquesa:

Tendo o Narrador, numa carta à mãe, evocado muito ligeiramente a avó ("a tais citações tua mãe te reconheceria de imediato"), a mãe lhe responde com altivez, de modo a não deixar subsistir nenhuma dúvida quanto ao aspecto desprezível de que se reveste um macho ao ousar meter-se no que diz respeito exclusivamente às mães: "Meu pobre filho, se era para me falar de *minha mãe*, invocas muito mal a propósito a sra. de Sévigné. Ela teria te respondido como fez à sra. de Grignan: 'Quer dizer que ela não valia nada para ti? Julgava-as parentes.'" Ora, toda a sutileza de Proust aqui reside na substituição que impõe à carta original da sra. de Sévigné, datada de 5 de janeiro de 1676, e onde não se trata de uma mãe mas certamente do pai: "Dizes-me muito seriamente, falando de minha carta: *senhor vosso pai*. Pensei que não éramos de modo algum parentes. Que era ele para ti, na tua opinião?"

O ponto comum entre a inversão sodomita e o maternalismo gomorriano acha-se, portanto, em sua impulsão antiteologal, abolição pura e simples da palavra "Deus" numa divisa de Charlus, captação e desvio, por uma mãe, da fé que sua filha deveria ter somente em Deus: "Todos os caminhos vão a Roma, quer dizer, tudo me vai direto ao coração."

Concebe-se que a escrita deve, de um modo ou de outro,varar esse maternalismo abusivo, todavia sem aboli-lo, porquanto o aniquilamento permanece encerrado no círculo vicioso da inversão.

Aí Proust vai escolher a solução mais clássica, a que de novo lhe fornece a teologia tradicional, que continua sendo a melhor arma possível contra a antiteologia (como o judaísmo é a melhor arma pensante contra o anti-semitismo), de maneira alguma por simples negação — pois que a negação da negação não saberia de forma alguma aplicar-se ao romance —, mas pelo que Saint-Loup, comparando um general e um escritor, qualifica de "diversão bem-sucedida além de toda expectativa", que não é outra coisa senão o que o catolicismo denomina assunção.

Assunção de Albertine

A lei de ferro da inversão é a transfusão, o equilíbrio dos licores, a troca de polaridade dos valores mãe e filha, lei que repousa sobre a conversibilidade total, sem resíduo, da temporalidade comunitária.

Assim é que, numa *paperole** de *Sodoma,* Proust imagina os velhos apaixonados que sustentam moças, e descreve sua consunção concreta numa prazer todo condensado em valores de câmbio. "Eles, de algum modo, alimentam com sua carne a estátua que erguem à glória da juventude, e um belo dia encontra-se uma criança deliciosa, e recém-formada, escapando-se de um leito onde um moribundo acaba de falecer."

Uma das lições eróticas da *Busca* é que uma mulher só é possuída ao ser penetrada, e que essa posse também pertence à

---

* *Paperole:* nome que o próprio Proust dava aos papéis colados às provas datilografadas, e através dos quais aumentava o texto, às vezes chegando a duplicá-lo. O português "papelucho" não tem o mesmo matiz de acepção. (N.T.)

categoria da simples despesa. "Longe de temer a despesa, amo-a", diz Casanova em suas *Memórias*.

Com Gilberte, nos Champs-Élysées, ocorre uma estranha negociação que, a seguir, vai atravessar todo o romance. Marcel recebe da amiga uma bolinha de ágata com veios dourados, como seus olhos, uma "cativa" que ela liberta "pagando o seu resgate", pedindo ao garoto que a guarde como lembrança dela.

Alguns milhares de páginas depois, essa bolinha será entregue, como presente, a outra bela cativa, Albertine, a qual tinha ofertado ao Narrador um pequeno lápis de ouro para compensar os beijos recusados, ou seja, adiados.

Outro objeto desse erotismo negociado que Gilberte irá transmitir, como no *furet*, a Albertine: a carta de Marcel a Swann. Marcel a recupera depois de uma breve luta que lhe vale, graças às esfregações contra o corpo de Gilberte, uma ejaculação intempestiva.

Entretanto, com Albertine, a improvisação mais ou menos bem dominada se transforma em acumulação dilatória, graças aos "vales para um beijo" que Marcel obtém, em troca dos quais lhe oferece um porta-papéis, o que revela como o processo econômico da despesa em busca do prazer, daí em diante, é bem assimilado pelo Narrador.

Ao passo que a mãe recusava pura e simplesmente o seu "viático" ao menino, enquanto Gilberte irá confessar ao homem maduro que ela o desejava loucamente em Tansonville (quanto ele a julgava cruel, furiosa, romanticamente inacessível), ao passo, portanto, que o desejo do Narrador malograva diante da rocha da recusa ou do mal-entendido, em compensação, seu desejo por Albertine é real, definitiva, gloriosamente assumido.

A enfiada de presentes de Marcel e Albertine, *peignoirs* de crepe da China, vestidos japoneses, borzeguins de chinchila, chambres de Fortuny, termina num primor, entre sua fuga e sua morte, com um iate e um Rolls, duas máquinas de viajar (como a própria *Busca do tempo perdido*), nos quais o Narrador imagina mandar gravar dois poemas de Mallarmé — ou seja, o maior escritor francês no período entre Baudelaire e Proust —, o célebre soneto do cisne, no iate, e, no Rolls, o soneto menos famoso porém ainda mais belo, de que Proust só transcreve as duas últimas estrofes, e que mereceria chamar-se *Assunção de Albertine:*

M'introduire dans ton histoire
C'est en héros effarouché
S'il a du talon nu touché
Quelque gazon de territoire

À des glaciers attentatoires
Je ne sais le naïf péché
Que tu n'auras pas empêché
De rire très haut sa victoire

Dis si je ne suis pas joyeux
Tonnerre et rubis aux moyeux
De voir en l'air que ce feu troue

Avec des royaumes épars
Comme mourir pourpre la roue
*Du seul vespéral de mes chars.**

Para penetrar em Albertine, Proust fez Albertine penetrar nele. Para possuir seu romance, ele se lhe ofertou. Ele se introduziu em sua história, converteu seu apagamento em coroamento, sua mortalidade em perpetuidade, e assumiu o riso infinitivamente rejuvenescido de sua mãe.

---

* "Introduzir-me em tua história / Como um herói desorientado / Se com o pé descalço tocar / Um território relvado / Em geleiras ofensivas / Não sei o ingênuo pecado / Que não terás evitado / De rir bem alto sua vitória / Diga se não sou jovial / — Trovões e rubis nos eixos — / Ao ver no ar o que o fogo rompe / Com reinos esparsos / Assim morrer púrpura a roda / Da única vesperal de meus carros." (N.T.)

Mors Stupebit*

"Doçura que só se pode conhecer no ponto em que a alegria se eterniza."
Dante, *O paraíso*

Tenho diante dos olhos a reprodução da última página do manuscrito de *Em busca do tempo perdido*.

Após as últimas palavras: "no Tempo", não existe ponto final. Só depois da palavra "Fim" é que se encontra um ponto final. Fim — é mais um termo do que verdadeiramente uma palavra; na melhor das hipóteses é uma indicação cênica, na pior, uma injunção, em todos os casos, um mal-entendido.

A verdade é que Proust pôs fim no fim, simplesmente.

Naturalmente, os editores substituíram o ponto final, colocando-o após "no Tempo". Jacques Rivière e Robert Proust haviam retocado o texto, já contrariados pelo anacronismo de uma visita de Charlus a Bergotte depois da célebre morte deste, descrita em *A prisioneira*. No entanto, Proust fora claro: "Enterraram-no, mas durante toda a noite fúnebre, nas vitrinas iluminadas, seus livros, dispostos de três em três, velavam como anjos de asas

* *Mors stupebit*: "A morte se imobilizará". (N.T.)

desdobradas e pareciam, para aquele que já não existia, o símbolo de sua ressurreição."

Justamente antes de morrer, o velho Bergotte se afeiçoa a menininhas, pelas quais se arruína, do que se consola, imaginando que, sem elas, não escreveria mais, e, daí em diante, não poderia ganhar todo o dinheiro que lhe trazem seus livros. "Economicamente, tal raciocínio era absurdo, mas sem dúvida encontrava ele algum prazer em transmutar desse modo o ouro em carícias e as carícias em ouro."

A ressurreição, portanto, é um absurdo a um tempo gramatical ("Infelizmente, sra. Straus, não há certezas, mesmo gramaticais") e econômico, mas uma indefectível verdade romancesca, de forma que se pode facilmente sustentar que a *Busca* é um romance, e bem mais que um romance, é uma implosão do tempo, uma brecha na cronologia, uma saída da morte, uma verdadeira ressurreição.

Proust exprime o seu projeto a Binet-Valmer (autor de um romance cujo herói é um pederasta ao qual Proust se recusa a que comparem o seu Charlus): "Literatura, que palavra desagradável quando se procura somente acumular comprimidos de vida..."

Exemplo de um comprimido de vida: a brilhante frase que abre o segundo capítulo do *Caminho de Guermantes*, sucedendo-se à última frase sobre a morte da avó: "deitada sob a aparência de uma mocinha":

"Conquanto fosse apenas um domingo de outono, eu acabava de renascer, a existência estava intacta à minha frente..."

Outro comprimido de vida?

"Um minuto livre da ordem do tempo recriou em nós, para senti-lo, o homem liberto da ordem do tempo."

Ainda um?

"E talvez a ressurreição da alma após a morte seja concebível como um fenômeno de memória."

Um outro, tirado do *Caderno de 1908*?

"As poderosas intuições de meu espírito, mesmo numa noite de esgotamento ou de morte."

Um último, extraído de uma carta a Mauriac (seria possível "acumulá-los" desse modo até compor um livro inteiro)?

"Mas eu *estive morto*. E subo *de profundis* e ainda todo enfaixado como Lázaro."

Tal é o imenso privilégio da ficção. O romance não conta uma história, não descreve a realidade, nem sequer define o real, ele transgride. O romance é uma travessia bem-sucedida da morte.

Se de Combray a Veneza, da primeira recordação involuntária ao calçamento irregular do pátio do palacete dos Guermantes, da morte da avó à de Bergotte, as imagens da ressurreição são tão abundantes na *Busca do tempo perdido*, não é que Proust sinta a necessidade metafísica de falar da morte nem do que se segue a ela; mas é que, simplesmente, o seu romance se mostra pelo que é, ao contrário do lugar-comum mais unanimemente difundido, o que se refere à dissimulação proustiana.

Pelo contrário, não existe romance mais nítido, mais límpido, que a *Busca*. Certamente, todos os grandes romances são travessias idênticas da morte, mas nenhum a desvendou tão claramente desde o Evangelho.

"Um livro é um grande cemitério, onde, na maior parte dos túmulos, não se pode mais ler os nomes apagados", escreve Proust em um caderno. Lendo os livros de Thomas Hardy, Proust assinala justamente a sua construção em forma de túmulo, "superpostamente", isto é, em forma de túmulos de um romance de Hardy, segundo um "admirável paralelismo geométrico". Em Hardy, anota ele, tudo é construído como os túmulos de Hardy, pessoas sentadas, barco, trem, casas na ilha...

Proust reinventará essa adequação representativa, essa consubstanciação romanesca, essa penetração conjunta do assunto e de sua estrutura. O romance trata de vestidos, é ele próprio construído como um vestido. Evoca igreja e é ele mesmo estruturado como uma catedral. Fala de ressurreição, e é ele próprio eterno, fulgurante, musical, alegre, poderoso, rigoroso, luminoso, sereno, infinito, enérgico, condensado, gracioso, belo, impávido, sorridente, "imortalmente sadio, imortalmente festivo e realizado" (Nietzsche): é uma ressurreição.

"Foi mais longe, planou por alguns instantes sobre o mar, e depois, resolvendo-se bruscamente, parecendo ceder a alguma atração oposta à da gravidade, como se voltasse à sua pátria, com um leve movimento de suas asas de ouro, apontou direto para o céu."

Está bem claro?

Paris, primavera de 1993